1/Gemüse

Gemüseauflauf mit Tomaten

FÜR 2 PORTIONEN — FOTO SEITE 8/9

1 Aubergine (etwa 200 g), 1 Zucchino (etwa 150 g), 2 Eßl. Öl, 500 g Kartoffeln, 1/8 l Milch, Salz, frisch gemahlener weißer Pfeffer, 1 Zwiebel, 200 g saure Sahne, 2 Eier, 1 Teel. getrockneter Oregano, 300 g Tomaten, 6 schwarze Oliven, 1 Bund Basilikum

Aubergine und Zucchino in fingerdicke Scheiben schneiden. Portionsweise im heißen Öl bei kleiner Hitze braten, bis die Scheiben halb weich sind. Kartoffeln schälen, waschen und würfeln. Mit drei Eßlöffel Wasser, Milch und Salz aufkochen und zugedeckt bei kleiner Hitze in etwa 15 Minuten weich garen. Mit den Quirlen des Handrührgerätes pürieren. Pfeffer, fein gehackte Zwiebel, saure Sahne, Eier und Oregano untermischen. Püree in einer ofenfesten Form mit hohem Rand glattstreichen. Aubergine, Zucchino, Tomatenscheiben und Oliven darauflegen, mit Salz und Pfeffer würzen. Form schließen und in den kalten Backofen (untere Schiene) stellen. Den Auflauf bei 200 Grad (Umluft 180 Grad, Gas Stufe 3) etwa 45 Minuten backen. Mit Basilikumblättchen bestreuen. Pro Portion 22 g Eiweiß, 35 g Fett, 50 g Kohlenhydrate, 8 g Ballaststoffe, 635 Kalorien

WELCHES PFLANZENFETT FÜR WELCHEN ZWECK? Am besten verwenden Sie Pflanzenfette so:

- kaltgepreßtes Öl – egal welche Sorte – für Salate und Rohkost, zum Braten und Dünsten bei mittlerer bis schwacher Hitze;
- kaltgepreßtes Oliven-, Erdnuß-, Raps- oder Sesamöl zum kurzen Braten bei mittlerer bis starker Hitze und zum kurzen Grillen;
- festes Pflanzenfett und raffiniertes Speiseöl fürs Fondue, zum Fritieren, längeren Grillen und Braten bei hohen Temperaturen – zum Beispiel von Kartoffelpuffern und Eierkuchen;
- raffiniertes Speiseöl für Grundzubereitungen, die neutral schmecken sollen, weil sie mit würzigen Zutaten gemischt werden – zum Beispiel Mayonnaise für Salatsoßen oder Dips.

Für jedes Fett gilt: Wenn es beim Erhitzen zu rauchen beginnt, dürfen Sie es nicht mehr verwenden.
Alle diese Fette gibt es im Supermarkt. Eine große Auswahl an verschiedenen kaltgepreßten Ölen bekommen Sie in Grünen Läden und Reformhäusern.

Wirsingsuppe mit grünen Erbsen

FÜR 4 PORTIONEN

400 g Wirsingkohl, 1 Eßl. Öl, 1 Paket Tiefkühl-Erbsen (300 g), 3/4 l Gemüsebrühe (siehe Kasten Seite 92), 100 g Crème fraîche, 1 Eßl. Zitronensaft, Salz, frisch gemahlener weißer Pfeffer, 1 kleines Bund Petersilie

Wirsingkohl putzen und in fingerbreite Streifen schneiden. Öl erhitzen, Kohl und gefrorene Erbsen darin bei mittlerer Hitze unter Rühren anbraten. Brühe zugießen und aufkochen. Suppe zugedeckt bei kleiner Hitze zehn Minuten garen. Crème fraîche untermischen und erhitzen, aber nicht mehr aufkochen. Mit Zitronensaft, Salz und Pfeffer abschmecken, auf heißen Tellern anrichten und mit gehackter Petersilie bestreuen. ◤ Pro Portion 7 g Eiweiß, 13 g Fett, 14 g Kohlenhydrate, 5 g Ballaststoffe, 210 Kalorien

Gemüsesuppe mit Ei

FÜR 4 PORTIONEN

500 g gemischtes Gemüse wie Porree, Möhren, Zucchini, Kohlrabi (oder 1 Paket Tiefkühl-Suppengemüse; 450 g), 1 l Gemüsebrühe (siehe Kasten Seite 92), 2 Eier, Salz, frisch gemahlener weißer Pfeffer, Muskat, 1 Bund Schnittlauch

Gemüse putzen und zerkleinern: Porree in fingerbeite Stücke, Möhren, Zucchini und Kohlrabi in bleistiftdünne Stifte schneiden. Brühe aufkochen, Gemüse darin bei mittlerer Hitze in etwa fünf Minuten gerade eben bißfest garen. Eier mit Salz, Pfeffer und Muskat verquirlen und in die Suppe rühren. Suppe mit Schnittlauchröllchen bestreuen. ◤ Pro Portion 5 g Eiweiß, 3 g Fett, 7 g Kohlenhydrate, 2 g Ballaststoffe, 90 Kalorien

Fenchelgratin mit Kräutersoße

FÜR 4 PORTIONEN

1 kg Fenchel, Salz, frisch gemahlener weißer Pfeffer, 200 g Schlagsahne, 100 ccm Milch, 100 g frisch geriebener Bergkäse, 50 g Butter, 600 g kleine Kartoffeln, 300 g Joghurt (3,5%), 100 g Crème fraîche, 1 Tomate, 1/2 Päckchen gemischte Tiefkühl-Kräuter

Fenchelgrün abschneiden und für die Soße beiseite legen. Knollen halbieren, Strunk entfernen. Fenchel waschen, quer zu den Fasern in feine Streifen schneiden und schuppenförmig in eine Gratinform legen. Mit Salz und reichlich Pfeffer würzen. Sahne mit Milch verrühren und darübergießen. Käse und Butterstückchen darüber verteilen. Form in den kalten Backofen (mittlere Schiene) stellen. Ofen auf 200 Grad (Umluft 180 Grad, Gas Stufe 3) schalten. Gratin etwa 30 Minuten backen, bis es oben schön gebräunt ist. Inzwischen Kartoffeln waschen und in wenig Wasser weich kochen. Joghurt mit Crème fraîche verrühren. Gewürfelte Tomate, gehacktes Fenchelgrün, Kräuter, Salz und Pfeffer untermischen. Gratin mit Soße und Kartoffeln anrichten. ◤ Dazu: gemischter Salat ◤ Pro Portion 21 g Eiweiß, 48 g Fett, 46 g Kohlenhydrate, 13 g Ballaststoffe, 700 Kalorien

Gemischtes Wintergemüse

FÜR 2 PORTIONEN

300 g Porree, 1 Stück Knollensellerie (etwa 200 g), 300 g rote Bete, 300 g Kartoffeln (festkochende Sorte), 1 Zwiebel, 1 kleine grüne Pfefferschote, 2 Eßl. Öl, 1/8 l Gemüsebrühe, 1 Eßl. Apfelessig, Salz, frisch gemahlener weißer Pfeffer, 1 Bund Schnittlauch

Porree putzen, waschen und in fingerbreite Stücke schneiden. Sellerie, rote Bete und Kartoffeln schälen und würfeln. Zwiebel hacken, Pfefferschote entkernen und zerkleinern. Öl erhitzen. Zwiebel und Pfefferschote darin bei mittlerer Hitze unter Rühren anbraten. Das Gemüse zugeben und kurz mitbraten. Brühe zugeben, aufkochen und zugedeckt bei kleiner Hitze in etwa 20 Minuten weich garen. Mit dem Apfelssig, Salz und Pfeffer abschmecken. Schnittlauchröllchen darübersteuen. ◤ Dazu: pochierte oder wachsweich gekochte Eier ◤ Pro Portion 9 g Eiweiß, 11 g Fett, 42 g Kohlenhydrate, 15 g Ballaststoffe, 305 Kalorien

Geschmortes Gemüse mit Olivencreme

FÜR 4 PORTIONEN

100 g schwarze Oliven,
1 große Zwiebel (etwa 250 g),
250 g Doppelrahmfrischkäse,
250 g Magerquark, 2 Eßl. Milch, Salz,
Cayennepfeffer, 500 g Zucchini,
500 g rote, grüne und gelbe Paprikaschoten,
2 Eßl. Öl, 500 g Tomaten, 1/2 Bund Petersilie

Oliven entsteinen und zerkleinern. Zwiebel fein hacken. Frischkäse mit Quark und Milch verrühren. Oliven, einen Eßlöffel Zwiebeln, Salz und Cayennepfeffer untermischen. Zucchini würfeln, Paprikaschoten in Streifen schneiden. Öl erhitzen. Zerkleinertes Gemüse und restliche Zwiebel darin bei mittlerer Hitze unter Rühren anbraten. Zwei Eßlöffel Wasser und Salz zugeben. Gemüse zugedeckt bei kleiner Hitze fünf Minuten schmoren. Abgezogene Tomaten in Stücke schneiden, untermischen und aufkochen. Zugedeckt bei kleiner Hitze weitere fünf Minuten garen. Mit gehackter Petersilie bestreuen und mit dem Olivenkäse anrichten. Dazu: Brot oder Pellkartoffeln Pro Portion 21 g Eiweiß, 35 g Fett, 19 g Kohlenhydrate, 6 g Ballaststoffe, 480 Kalorien

Zwiebel-Pilzgemüse

FÜR 2 PORTIONEN

500 g kleine Zwiebeln, 2 Eßl. Öl,
1 Teel. Instant-Gemüsebrühe,
2 Eßl. Zitronensaft, Salz,
200 g Austernpilze, 100 g frische
Shiitakepilze, Cayennepfeffer,
1 großes Bund Petersilie, 1 Tomate

Zwiebeln abziehen und halbieren. Öl in einer großen Pfanne erhitzen. Zwiebeln darin bei mittlerer Hitze rundherum anbraten. Vier Eßlöffel Wasser, Brühe, Zitronensaft und Salz zugeben. Zwiebeln zugedeckt bei kleiner Hitze fünf Minuten garen. Pilze putzen, zerkleinern, zu den Zwiebeln geben und zugedeckt weitere fünf Minuten schmoren. Gemüse bei mittlerer bis großer Hitze unter ständigem Wenden etwa drei Minuten kräftig braten, bis die Flüssigkeit, die sich gebildet hat, wieder verdampft ist. Mit Cayennepfeffer abschmecken. Gehackte Petersilie und gewürfelte Tomate darübergeben. Dazu: Pellkartoffeln oder Brot Pro Portion 9 g Eiweiß, 11 g Fett, 20 g Kohlenhydrate, 12 g Ballaststoffe, 220 Kalorien

Blumenkohlcurry

FÜR 3 PORTIONEN — FOTO

1 Blumenkohl (etwa 800 g), 300 g Tomaten,
1 Zwiebel, 1 Knoblauchzehe,
1 Stück frische Ingwerwurzel
(etwa 2 cm lang), 3 Eßl. Öl,
1-2 Eßl. Curypulver, Salz,
1 Paket Tiefkühl-Erbsen (300 g),
2 Eßl. gehackte Petersilie

Blumenkohl putzen, waschen und in Röschen teilen. Tomaten abziehen und würfeln. Zwiebel und Knoblauch hacken. Ingwer schälen und reiben. Öl erhitzen. Zwiebel, Knoblauch, Ingwer und Currypulver darin bei mittlerer Hitze unter Rühren einige Minuten braten. Blumenkohl, 100 Kubikzentimeter Wasser und Salz zugeben, aufkochen und zugedeckt bei mittlerer Hitze fünf Minuten garen. Tomaten und Erbsen untermischen und weitere fünf bis sieben Minuten garen, bis der Blumenkohl gerade eben bißfest ist. Petersilie darüberstreuen. ◤ Dazu: Reis oder Brot ◤ Pro Portion 12 g Eiweiß, 11 g Fett, 24 g Kohlenhydrate, 11 g Ballaststoffe, 250 Kalorien

Spinat mit Mais und Tomaten

FÜR 2 PORTIONEN

1 Zwiebel, 1 Eßl. Öl,
1 Paket Tiefkühl-Blattspinat (300 g),
250 g Tomaten, 1 Knoblauchzehe,
300 g Tiefkühl-Mais, Salz,
Cayennepfeffer, 2 Eßl. Schlagsahne

Gehackte Zwiebel und Spinat im heißen Öl zugedeckt bei kleiner Hitze fünf Minuten schmoren. Gewürfelte Tomaten, gehackten Knoblauch und Mais zugeben und bei großer Hitze unter Rühren weitere fünf Minuten schmoren. Mit Salz und Cayennepfeffer würzen, Sahne untermischen. ◤ Dazu: Eierkuchen (Rezept Seite 80, die Füllung weglassen) ◤ Pro Portion 10 g Eiweiß, 13 g Fett, 38 g Kohlenhydrate, 8 g Ballaststoffe, 305 Kalorien

Gemüse in Kokosmilch

FÜR 3 PORTIONEN

1 Wirsingkohl (etwa 800 g),
400 g Kohlrabi, 1 Zwiebel,
2 Knoblauchzehen, 2 Eßl. Öl,
1 Dose Kokosmilch (165 ml; siehe Kasten),
1 Tomate, 2 Eßl. Zitronensaft,
Salz, Cayennepfeffer,
1 Eßl. gehackte Erdnußkerne

Wirsing putzen, vierteln und waschen. Strunk herausschneiden und in Stifte teilen, Blätter in fingerbreite Streifen schneiden. Kohlrabi schälen, waschen und würfeln. Abgezogene Zwiebel und Knoblauch hacken. Öl erhitzen. Gemüse, Zwiebel und Knoblauch darin bei mittlerer Hitze unter Rühren anbraten. Kokosmilch zugießen, aufkochen und das Gemüse zugedeckt in etwa zehn Minuten gerade eben bißfest garen. Abgezogene, gewürftelte Tomate und Zitronensaft untermischen. Gemüse mit Salz und Cayennepfeffer abschmecken, mit den Erdnüssen bestreut servieren.

Dazu: Brot, Reis oder Couscous (Rezept Seite 90, Gemüse weglassen)

Pro Portion 9 g Eiweiß, 10 g Fett, 18 g Kohlenhydrate, 8 g Ballaststoffe, 200 Kalorien

KOKOSMILCH ist ein Extrakt aus Kokosnußfleisch und Wasser, der besonders gut zu Gemüsegerichten, Suppen und Desserts paßt. Besonders intensiv schmeckt sie, wenn man sie - wie Schlagsahne und Crème fraîche - in einer Soße einkochen läßt. Die in Dosen abgefüllte Milch gibt es in asiatischen Läden, Feinkostgeschäften und Supermärkten. Dort steht sie bei den Milchprodukten in der Kühlung.

Tomaten-Bohnengemüse mit Butterklößchen

FÜR 4 PORTIONEN

40 g Butter, Salz, 2 Eier,
60 g Weizenvollkornmehl, 500 g Tomaten,
500 g grüne Bohnen, 1 Bund Bohnenkraut,
1 Zwiebel, 1 Knoblauchzehe, 3 Eßl. Olivenöl,
knapp 1/8 l Gemüsebrühe
(siehe Kasten Seite 92),
frisch gemahlener schwarzer Pfeffer

Für die Klößchen weiche Butter mit Salz schaumig rühren. Eier und Mehl nacheinander daruntermischen. Teig zugedeckt quellen lassen, bis das Gemüse zerkleinert ist. Tomaten abziehen und würfeln, Bohnen waschen, putzen und halbieren. Bohnenkraut, Zwiebeln und Knoblauch fein hacken. Öl erhitzen. Zwiebeln, Knoblauch und Bohnen darin bei mittlerer Hitze unter Rühren anbraten.Tomaten, Bohnenkraut, Brühe, Salz und Pfeffer zugeben und aufkochen. Teig mit zwei Eßlöffeln zu Klößchen abstechen und auf das Gemüse legen. Löffel dabei immer wieder in kaltes Wasser tauchen, damit der Teig nicht haften bleibt. Alles bei kleiner Hitze zugedeckt 15 Minuten garen. ◤ Dazu: Pellkartoffeln oder Brot ◤ Pro Portion 8 g Eiweiß, 21 g Fett, 19 g Kohlenhydrate, 4 g Ballaststoffe, 290 Kalorien

TIP: Es geht besonders einfach, die Klößchen gleich im Gemüse mitzugaren. Allerdings fließt der weiche Teig dabei etwas auseinander. In Salzwasser behalten die Butterklößchen ihre Form besser: Klößchen im leise kochenden Wasser bei kleiner Hitze etwa zehn Minuten garen. Abgetropft auf dem Gemüse anrichten. Sie können die Klößchen auch in der Mikrowelle garen (siehe Kasten Seite 85).

Süß-saures Rote-Bete-Gemüse

FÜR 4 PORTIONEN — FOTO

600 g rote Bete, 1 Zwiebel, 3 Eßl. Öl, 1 Eßl. Zucker, 1/8 l Gemüsebrühe (siehe Kasten Seite 92), 400 g Kartoffeln, 200 g Möhren, 1 Stange Porree, 1/2 Paket Tiefkühl-Erbsen (150 g), 100 g Salzgurken, 1 Bund Petersilie, 2 Eßl. Apfelessig, Salz, Cayennepfeffer, 1/2 Bund Schnittlauch

Rote Bete schälen, waschen und würfeln. Zwiebel hacken. Öl erhitzen. Rote Bete, Zwiebel und Zucker zugeben und bei mittlerer Hitze unter Rühren anbraten. Brühe zugießen, aufkochen und die rote Bete 20 Minuten garen. Kartoffeln und Möhren schälen, waschen und würfeln. Zum Gemüse geben und weitere zehn Minuten garen. Porree putzen, waschen und in fingerbreite Stücke schneiden. Mit den Erbsen unter das Gemüse mischen und fünf Minuten garen. Gewürfelte Salzgurken und gehackte Petersilie untermischen. Mit Essig, Salz und Cayennepfeffer würzen und mit Schnittlauchröllchen bestreuen. ◤ Pro Portion 7 g Eiweiß, 8 g Fett, 37 g Kohlenhydrate, 10 g Ballaststoffe, 290 Kalorien

Rosenkohl mit Ei

FÜR 2 PORTIONEN

2 Pakete Tiefkühl-Rosenkohl (600 g), Salz, 2 Eier, 1 Bund Petersilie, 75 g Butter, 75 g Paniermehl, frisch gemahlener schwarzer Pfeffer

Rosenkohl in zwei Eßlöffel Wasser und Salz gerade eben bißfest garen. Eier in acht bis zehn Minuten hart kochen, kalt abschrecken, pellen und hacken. Petersilie fein zerkleinern. Butter zerlassen, Paniermehl darin bei kleiner Hitze etwa drei Minuten rösten. Rosenkohl auf Tellern anrichten. Eier, Petersilie und Buttermischung darüber verteilen. Mit Pfeffer und Salz würzen. ◤ Dazu: Pellkartoffeln ◤ Pro Portion 25 g Eiweiß, 38 g Fett, 38 g Kohlenhydrate, 9 g Ballaststoffe, 595 Kalorien

Geschmorte Austernpilze

FÜR 2 PORTIONEN

1 Bund Lauchzwiebeln,
300 g Austernpilze, 1 Knoblauchzehe,
1 Bund Petersilie, 3 Eßl. Öl,
2 Eßl. Schlagsahne, Salz,
frisch gemahlener weißer Pfeffer

Zwiebeln putzen, waschen und in dünne Ringe schneiden. Austernpilze nur zerkleinern (siehe Kasten Seite 88). Knoblauch und Petersilie hacken. Das Öl erhitzen. Zwiebeln und Pilze darin bei mittlerer Hitze unter ständigem Rühren rösten, bis die Pilze leicht gebräunt sind. Knoblauch, Petersilie und Sahne untermischen, mit Salz und Pfeffer abschmecken. ◤ Dazu: Brot oder Reis ◤ Pro Portion 4 g Eiweiß, 20 g Fett, 9 g Kohlenhydrate, 4 g Ballaststoffe, 240 Kalorien

Zucchini-Pfanne

FÜR 2 PORTIONEN

600 g Zucchini, 300 g Tomaten,
1 Zwiebel, 1 Knoblauchzehe,
1 kleines Bund Thymian
(ersatzweise Petersilie), 2 Eßl. Öl,
100 g gegarte Getreidekörner, Couscous
oder Bulgur (siehe Tip Seite 90),
1 Eßl. Tomatenmark, Salz,
Cayennepfeffer, 2 Eier,
50 g frisch geriebener Parmesankäse

Zucchini in Stifte schneiden, abgezogene Tomaten würfeln, Zwiebel und Knoblauch hacken, Thymianblättchen abzupfen. Alles im heißen Öl bei mittlerer Hitze anbraten. Getreide, Tomatenmark, Salz und Cayennepfeffer untermischen und fünf Minuten schmoren. Verquirlte Eier darübergießen und zugedeckt stocken lassen. Mit Parmesan bestreuen. ◤ Pro Portion 29 g Eiweiß, 25 g Fett, 45 g Kohlenhydrate, 11 g Ballaststoffe, 520 Kalorien

Weißkohl mit Nüssen

FÜR 4 PORTIONEN

1 Kopf Weißkohl (etwa 700 g),
2 Knoblauchzehen, 1/2 unbehandelte Zitrone,
1 Eßl. Butter, 1/8 l Gemüsebrühe
(siehe Kasten Seite 92), Salz, Cayennepfeffer,
50 g gehackte Nußkerne,
100 g Crème fraîche

Weißkohl putzen, vierteln, waschen und hobeln. Knoblauch und abgeschnittene Zitronenschale fein hacken. In der heißen Butter bei kleiner Hitze anbraten. Kohl, Zitronensaft und Brühe zugeben, mit Salz und Cayennepfeffer würzen. Aufkochen und zugedeckt bei mittlerer Hitze fünf Minuten garen. Nüsse und Crème fraîche untermischen und erhitzen. Dazu: Nudeln oder Hirse Pro Portion 15 g Eiweiß, 20 g Fett, 9 g Kohlenhydrate, 6 g Ballaststoffe, 235 Kalorien

Überbackene Zwiebeln

FÜR 4 PORTIONEN

1 kg kleine Zwiebeln, 1 Zitrone, Salz,
1 Eßl. edelsüßes Paprikapulver, 100 g frisch geriebener Emmentaler Käse, 50 g Butter

Abgezogene Zwiebeln in reichlich Wasser fünf Minuten kochen. Backofen auf 200 Grad (Umluft 180 Grad, Gas Stufe 3) vorheizen. Abgetropfte Zwiebeln in eine ofenfeste Form mit niedrigem Rand geben. Zitronensaft, Salz, Paprika, Käse und Butterflöckchen darüber verteilen. In den Ofen (mittlere Schiene) schieben und 20 Minuten backen. Dazu: Brot und Salat Pro Portion 11 g Eiweiß, 19 g Fett, 17 g Kohlenhydrate, 8 g Ballaststoffe, 280 Kalorien

Knoblauchporree mit Joghurtsoße

FÜR 3 PORTIONEN

600 g dünne Porreestangen,
2-3 Knoblauchzehen,
1/2 unbehandelte Zitrone, 2 Eßl. Öl,
Salz, frisch gemahlener weißer Pfeffer,
50 g Sonnenblumenkerne,
250 g Joghurt (3,5 %),
1/2 Bund Basilikum,
1 Tomate

Porree putzen, waschen und in fingerbreite Stücke schneiden. Knoblauch und ein etwa zehn Zentimeter langes Stück Zitronenschale hacken. Öl erhitzen. Darin Porree mit Knoblauch, Zitronenschale und ausgepreßtem Saft zugedeckt bei mittlerer Hitze etwa fünf Minuten garen. Mit Salz und Pfeffer würzen. Sonnenblumenkerne darüberstreuen. Joghurt mit gehacktem Basilikum und gewürfelter Tomate verrühren, mit Salz und Pfeffer würzen und zum Porree servieren. Dazu: Pellkartoffeln oder Brot Pro Portion 25 g Eiweiß, 19 g Fett, 14 g Kohlenhydrate, 5 g Ballaststoffe, 270 Kalorien

GEMÜSEBLÄTTER MITVERWENDEN Die grünen Blatteile von Gemüse liefern außer Ballaststoffen auch Magnesium. Dieser Mineralstoff ist gut für Muskeln und Nerven.
Deshalb sollten Sie zarte Blättchen von Kohlrabi, Fenchel, Rettich, Blumenkohl, Sellerie usw. zerkleinern und über das fertige Gericht streuen. Von Porree und Lauchzwiebeln sollten Sie nicht nur das Weiße, sondern soviel Grün wie möglich verwenden. Außer den welken Blättern und Blattspitzen brauchen Sie nur den Wurzelansatz und ein oder zwei äußere Hüllblätter abzuschneiden.

Gebackener Radicchio

FÜR 4 PORTIONEN

1 kg Radicchio (möglichst kleine Köpfe),
1/8 l Gemüsebrühe (siehe Kasten Seite 92),
125 g Schlagsahne, Salz, frisch gemahlener schwarzer Pfeffer, 300 g Mozzarellakäse,
50 g Paniermehl, 30 g Butter

Radicchioköpfe putzen, waschen und dicht nebeneinander in eine ofenfeste Form mit niedrigem Rand legen. Brühe mit Sahne, Salz und reichlich Pfeffer mischen und darübergießen. Gewürfelten Käse, Paniermehl und Butterflöckchen darüber verteilen. Form in den kalten Backofen (mittlere Schiene) stellen. Ofen auf 200 Grad (Umluft 180 Grad, Gas Stufe 3) schalten. Radicchio etwa 35 Minuten backen, bis der Käse zerlaufen und leicht gebräunt ist. ◤ Dazu: Kartoffeln oder Brot ◤ Pro Portion 19 g Eiweiß, 30 g Fett, 16 g Kohlenhydrate, 3 g Ballaststoffe, 420 Kalorien

Gemüsesuppe mit Brot und Käse

FÜR 4 PORTIONEN

1 l Gemüsebrühe (siehe Kasten Seite 92),
1 Paket Tiefkühl-Suppengemüse (450 g),
250 g Weizenvollkornbrot, 4 Eßl. Olivenöl,
2 Knoblauchzehen, 100 g frisch geriebener Parmesankäse

Brühe aufkochen, Gemüse darin gerade eben bißfest garen. Brot würfeln und im heißen Öl bei mittlerer bis kleiner Hitze etwa zehn Minuten rösten, bis es knusprig ist. Zum Schluß gehackten Knoblauch untermischen. Brotwürfel in Suppenteller geben, mit Käse bestreuen. Suppe darüber verteilen. ◤ Pro Portion 16 g Eiweiß, 12 g Fett, 32 g Kohlenhydrate, 6 g Ballaststoffe, 310 Kalorien

Sommerlicher Gemüsetopf

FÜR 4 PORTIONEN — FOTO

500 g Kartoffeln (vowiegend festkochende Sorte), 2 Pakete Tiefkühl-Grüne Bohnen (600 g), 1 kleine Zitrone, 50 ccm Olivenöl, 500 g Auberginen, 500 g kleine Zucchini, 2 grüne Paprikaschoten (etwa 400 g), 2 Fleischtomaten (etwa 500 g), 400 g Schafkäse, 1 Knoblauchzehe, 1 kleines Bund frischer Thymian, Salz, frisch gemahlener schwarzer Pfeffer

Kartoffeln schälen, waschen und würfeln. Mit den geforenen Bohnen in reichlich sprudelnd kochendem Wasser drei Minuten kochen lassen. Abgießen (Kochwasser auffangen) und in eine Schüssel geben. Von der Kochbrühe einen Viertelliter abmessen (den Rest für Suppe oder Gemüsebrühe verwenden), mit Zitronensaft und Olivenöl mischen. Auberginen würfeln, Zucchini in Scheiben, Paprikaschoten in Streifen, abgezogene Tomaten in Scheiben teilen. Schafkäse zerbröckeln. Alle diese Zutaten mit Kartoffeln und Bohnen schichtweise in einen großen, verschließbaren Schmortopf füllen. Jede Schicht mit gehacktem Knoblauch, Thymianblättchen, Salz und Pfeffer bestreuen. Die Brühe-Öl-Mischung darübergießen. Topf schließen und in den kalten Backofen (untere Schiene) stellen. Ofen auf 180 Grad (Umluft 160 Grad, Gas Stufe 2) schalten. Gemüse 60 Minuten garen. Deckel abnehmen und das Gemüse weitere 15 Minuten backen. ◤ Dazu: Fladenbrot ◤ Pro Portion 27 g Eiweiß, 31 g Fett, 58 g Kohlenhydrate, 13 g Ballaststoffe, 570 Kalorien

Überbackene Auberginen

FÜR 3 PORTIONEN

1 Aubergine (etwa 350 g), 600 g Tomaten, Salz, frisch gemahlener schwarzer Pfeffer, 1 Handvoll Salbeiblättchen, 40 g Weißbrot, 75 g frisch geriebener Fontina- oder Emmentaler Käse, 300 g Mozzarella, 2 Eßl. Olivenöl

Aubergine und Tomaten waschen und abtrocknen. Aubergine quer in etwa vier Millimeter dünne Scheiben, Tomaten in fingerdicke Scheiben schneiden. Beide Zutaten schuppenförmig in eine ofenfeste Form mit niedrigem Rand schichten. Mit Salz und Pfeffer würzen. Die Hälfte der Salbeiblättchen zwischen die Gemüsescheiben legen, den Rest hacken. Weißbrot fein zerkrümeln, mit zerkleinertem Salbei und geriebenem Käse vermischen und über das Gemüse streuen. Mozzarella würfeln und darauf verteilen. Öl darüberträufeln. Form in den kalten Backofen (mittlere Schiene) stellen. Ofen auf 180 Grad (Umluft 160 Grad, Gas Stufe 2) schalten. Gemüse etwa 45 Minuten backen. Dazu: Pellkartoffeln, Reis oder Brot Pro Portion 29 g Eiweiß, 33 g Fett, 21 g Kohlenhydrate, 4 g Ballaststoffe, 508 Kalorien

WER FLEISCHLOS LEBT, SOLLTE ÖFTER ESSEN Denn bei vegetarischer Kost ist das Nahrungsvolumen groß, die Kalorienzufuhr aber gering. Bei einer Gemüse- oder Salatmahlzeit zum Beispiel nehmen Sie mehr Ballaststoffe und mehr Wasser zu sich, aber weniger Fett, sprich: Kalorien, als bei einer Fleischmahlzeit. Deshalb essen Sie, wenn Sie sich vorwiegend vegetarisch ernähren, ganz automatisch "figurbewußt". Ernährungsfachleute empfehlen: öfter am Tag essen und trotzdem Kalorien sparen.

Grünkohlgemüse

FÜR 3 PORTIONEN

700 g Grünkohl, 1 kleine Zwiebel,
1 Knoblauchzehe, 2 Eßl. Butter, Salz,
frisch gemahlener weißer Pfeffer

Grünkohlblätter von den Stielen streifen, gründlich waschen und grob zerkleinern. Zwiebel und Knoblauch hacken. Die Hälfte der Butter erhitzen. Zwiebel und Knoblauch bei kleiner Hitze darin glasig braten. Grünkohl, einen Achtelliter Wasser, Salz und Pfeffer zugeben, aufkochen und zugedeckt bei kleiner Hitze zehn Minuten garen. Restliche Butter untermischen. ◤ Zu: Pellkartoffeln, Eierkuchen oder Polentakuchen (Rezept Seite 74) ◤ Pro Portion 12 g Eiweiß, 7 g Fett, 3 g Kohlenhydrate, 6 g Ballaststoffe, 120 Kalorien

Kürbisgemüse

FÜR 4 PORTIONEN

1 kg Kürbis, 2 Zwiebeln, 2 Eßl. Öl,
1 Teel. Instant-Gemüsebrühe,
1 Eßl. Crème fraîche, 1/2 Zitrone, Salz,
Cayennepfeffer, je 1 Teel. gemahlener
Kreuzkümmel (Kumin) und Ingwer,
1/2 Bund Petersilie

Kürbis schälen, Fasern und Kerne entfernen, Kürbisfleisch würfeln. Zwiebeln fein hacken. Öl erhitzen. Kürbis und Zwiebel darin bei mittlerer Hitze unter Rühren anbraten, bis die Kürbiswürfel glasig sind. 100 Kubikzentimeter Wasser und Brühe zugeben, aufkochen und zugedeckt bei kleiner Hitze etwa zehn Minuten garen, bis der Kürbis weich ist. Crème fraîche und Zitronensaft untermischen und erhitzen. Gemüse mit Salz, Cayennepfeffer, Kreuzkümmel und Ingwer abschmecken. Mit gehackter Petersilie bestreuen. ◤ Dazu: Bratkartoffeln, Reis oder Brot ◤ Pro Portion 3 g Eiweiß, 7 g Fett, 15 g Kohlenhydrate, 2 g Ballaststoffe, 130 Kalorien

Bohnen mit Kokos

FÜR 4 PORTIONEN — FOTO

1 kg Stangenbohnen, 1 Stück frische Ingwerwurzel (etwa 2 cm lang), 250 g Zwiebeln, 3 Eßl. Öl, 1 Eßl. Currypulver, 1 Teel. Senfkörner, 1 Zitrone, 1 Teel. Instant-Gemüsebrühe, 100 g Kokosnuß (ohne Schale), 1 Bund Petersilie, 300 g Magerjoghurt, 1 Eßl. Crème fraîche, Salz, Cayennepfeffer

Geputzte Bohnen schräg in Streifen schneiden. Ingwer schälen und reiben. Zwiebeln abziehen und fein hacken. Öl erhitzen. Bohnen, Zwiebeln, Ingwer, Curry und Senfkörner darin bei mittlerer Hitze unter Rühren fünf Minuten braten. 100 Kubikzentimeter Wasser, Zitronensaft und Brühe zugeben. Bohnen aufkochen und zugedeckt bei mittlerer bis kleiner Hitze weitere fünf Minuten garen. Kokosnuß auf dem Gurkenhobel in feine Streifen hobeln. Petersilie fein hacken. Beide Zutaten, Joghurt und Crème fraîche unter die Bohnen mischen. Mit Salz und Cayennepfeffer abschmecken. ◤ Dazu: Weizengrütze mit Petersilie (Rezept Seite 78) oder Brot ◤ Pro Portion 9 g Eiweiß, 20 g Fett, 27 g Kohlenhydrate, 12 g Ballaststoffe, 305 Kalorien

Tomaten mit Zwiebeln

FÜR 3 PORTIONEN

750 g Tomaten, 200 g Zwiebeln, 1 Knoblauchzehe, 1 Zweig Rosmarin, 3 Eßl. Olivenöl, Salz, frisch gemahlener weißer Pfeffer, 1 Prise Zucker

Tomaten und Zwiebeln abziehen und achteln. Knoblauch hacken, Rosmarinblättchen abzupfen. Öl erhitzen. Zwiebeln bei kleiner Hitze darin glasig braten. Tomaten, Knoblauch und Rosmarin zugeben und alles bei mittlerer Hitze unter Rühren etwa fünf Minuten schmoren. Mit Salz, Pfeffer und Zucker abschmecken. ◤ Dazu: Pellkartoffeln und grüne Bohnen ◤ Pro Portion 3 g Eiweiß, 11 g Fett, 13 g Kohlenhydrate, 5 g Ballaststoffe, 163 Kalorien

Gemüseauflauf mit Kartoffeln

FÜR 2 PORTIONEN

800 g gemischtes Gemüse wie Möhren, Kohlrabi, Zucchini und Blumenkohl, 200 g Tomaten, 150 g gekochte Kartoffeln (Rest; eventuell weglassen), 1 große Zwiebel, 1 Handvoll Salbeiblättchen, 75 g frisch geriebener Emmentaler Käse, 3 Eier, 200 ccm Milch, Salz, Cayennepfeffer, frisch gemahlener weißer Pfeffer

Gemüse putzen und gegebenenfalls schälen. Möhren, Kohlrabi und Zucchini in knapp fingerdicke Stifte schneiden. Blumenkohl in kleine Röschen teilen. Abgezogene Tomaten und gepellte Kartoffeln würfeln, Zwiebel und Salbei fein hacken. Alles mit Käse, Eiern und Milch vermischen. Mit Salz, Cayennepfeffer und weißem Pfeffer kräftig abschmecken und in eine ofenfeste Form mit hohem Rand geben. Form schließen und in den kalten Backofen (untere Schiene) stellen. Ofen auf 180 Grad (Umluft 160 Grad, Gas Stufe 2) schalten. Den Auflauf etwa 60 Minuten backen. ◤ Dazu: grüner Salat ◤ Pro Portion 33 g Eiweiß, 25 g Fett, 36 g Kohlenhydrate, 12 g Ballaststoffe, 505 Kalorien

WELCHE EIER SIND DIE BESTEN? Die von frei laufenden Hühnern. Weil die Tiere artgerecht gehalten werden und deshalb weder Beruhigungsmittel gegen Streß noch Antibiotika gegen Infektionskrankheiten bekommen. Zu kaufen gibt es diese Eier in Naturkostläden, Reformhäusern und verschiedenen Supermärkten. Inzwischen halten immer mehr Landwirte ihre Tiere wieder im Freien. Adressen dieser Bauernhöfe finden Sie in "Das Alternative Branchenbuch" (gibt's in grünen Läden). In manchen Bundesländern bekommen Sie Adressen auch vom Bauernverband.
Achten Sie beim Kauf bitte auf den Vermerk "Eier aus Freilandhaltung", oder fragen Sie ausdrücklich nach. Wichtig: "Bodenhaltung" ist keine artgerechte Haltung, die Tiere leben in riesigen Ställen bei künstlichem Licht.

Gebackenes Gemüse

FÜR 5 PORTIONEN

1 kg Zucchini, 500 g Tomaten,
250 g Lauchzwiebeln, Salz,
frisch gemahlener weißer Pfeffer,
80 g Vollkorntoastbrot,
4 Portionen Mayonnaise
(Rezept Seite 114; Kräuter weglassen),
1 großes Bund Schnittlauch

Zucchini und abgezogene Tomaten in Scheiben schneiden. Die geputzten Lauchzwiebeln in dünne Ringe schneiden. Alles in einer ofenfesten Form mit niedrigem Rand verteilen, mit Salz und Pfeffer würzen. Brot zerkrümeln und darüberstreuen. Mayonnaise darüber glattstreichen. Form in den kalten Backofen (mittlere Schiene) schieben. Ofen auf 200 Grad (Umluft 180 Grad, Gas Stufe 4) schalten. Gemüse etwa 45 Minuten backen, bis es oben schön gebräunt ist. Mit Schnittlauchröllchen bestreuen. Dazu: Reis oder Brot

Pro Portion 8 g Eiweiß, 28 g Fett, 21 g Kohlenhydrate, 5 g Ballaststoffe, 370 Kalorien

Kohlrabigemüse mit Sahne

FÜR 3 PORTIONEN

600 g Kohlrabi, 1 Eßl. Butter,
100 ccm Gemüsebrühe (siehe Kasten Seite 92), 125 g Schlagsahne,
1 Eßl. Zitronensaft, Salz,
frisch gemahlener weißer Pfeffer

Zarte Kohlrabiblättchen abschneiden und beiseite legen. Knollen schälen, halbieren und in dünne Scheiben hobeln. Bei kleiner Hitze in der heißen Butter anbraten. Brühe und Sahne zugeben und aufkochen. Bei mittlerer Hitze unter häufigem Rühren garen, bis das Gemüse weich ist. Mit Zitronensaft, Salz und Pfeffer abschmecken und mit den gehackten Kohlrabiblättchen bestreuen.

Pro Portion 5 g Eiweiß, 27 g Fett, 9 g Kohlenhydrate, 3 g Ballaststoffe, 200 Kalorien

Gemüse mit Sherry und Glasnudeln

FÜR 2 PORTIONEN — FOTO

300 g grüne Bohnen, 200 g Möhren, 1 rote Paprikaschote, 1 kleine rote Pfefferschote, 2 Knoblauchzehen, 3 Eßl. Öl, 2 Eßl. trockener Sherry (eventuell weglassen), 4 Eßl. Sojasoße, 2 Eßl. Weißweinessig, 1 Eßl. Tomatenmark, 1 Eßl. Orangensaft, 1/2 Teel. Zucker, Öl zum Fritieren, 50 g Glasnudeln, Salz

Bohnen waschen und putzen. Geschälte Möhren in dünne Scheiben, Paprikaschoten in Rauten schneiden. Pfefferschote halbieren, Kerne entfernen. Schotenhälften und Knoblauchzehen fein hacken. Öl erhitzen. Bohnen, Möhren und Paprikaschoten darin bei mittlerer Hitze unter ständigem Wenden etwa drei Minuten braten. Pfefferschote, Knoblauch, Sherry, Sojasoße, Essig, Tomatenmark, Orangensaft und Zucker untermischen. Gemüse aufkochen und zugedeckt bei kleiner Hitze etwa zehn Minuten garen. Dabei immer wieder umrühren. Öl zum Fritieren erhitzen. Glasnudeln in zwei Portionen etwa 30 Sekunden darin ausbacken und jeweils auf heiße Teller geben. Gemüse mit Salz abschmecken und auf den Nudeln anrichten. Pro Portion 9 g Eiweiß, 24 g Fett, 42 g Kohlenhydrate, 11 g Ballaststoffe, 445 Kalorien

TIP: Sie können die Nudeln auch so zubereiten: mit kochendem Wasser übergießen und abgetropft auf Tellern anrichten. Das spart Kalorien und geht schneller als Fritieren.

FETT BITTE NICHT IN DEN AUSGUSS!
Öl löst sich nicht im Wasser und wird auch in der Kläranlage nicht ganz abgebaut. Deshalb Fritieröl, das Sie nicht mehr brauchen, in ein Schraubglas füllen und in die Mülltonne werfen. Übrigens sollten auch kleine Fettmengen nicht ins Abwaschwasser: am besten die Pfanne vor dem Spülen gründlich mit Haushaltspapier auswischen.

Zwiebeltoast

FÜR 4 PORTIONEN

500 g Lauchzwiebeln, 2 Eßl. Öl,
100 g frisch geriebener Emmentaler Käse,
2 Eßl. Crème fraîche, 1 Eßl. Zitronensaft,
Salz, frisch gemahlener weißer Pfeffer,
4 Scheiben Roggenvollkornbrot (etwa 200 g)

Zwiebeln putzen, waschen und in Ringe schneiden. Backofen auf 220 Grad (Umluft 200 Grad, Gas Stufe 4) vorheizen. Öl erhitzen. Zwiebeln darin bei kleiner bis mittlerer Hitze etwa 15 Minuten braten, bis sie weich sind. Dabei mehrmals wenden. Käse, Crème fraîche und Zitronensaft untermischen, mit Salz und Pfeffer kräftig würzen. Brote toasten. Zwiebeln darauf verteilen. Brote auf ein Backblech legen und in den Ofen (mittlere Schiene) schieben. Etwa 20 Minuten backen, bis die Brote leicht gebräunt sind. ◤ Dazu: grüner Salat oder Gurkensalat ◤ Pro Portion 14 g Eiweiß, 16 g Fett, 28 g Kohlenhydrate, 6 g Ballaststoffe, 320 Kalorien

Tomaten-Rührei

FÜR 2 PORTIONEN

3 Eiertomaten (etwa 200 g), 1 Zwiebel,
2 Salbeiblättchen (ersatzweise Petersilie),
2 Eßl. Öl, 4 Eier, Salz,
frisch gemahlener schwarzer Pfeffer

Tomaten abziehen und würfeln, Zwiebel und Salbei hacken. Alles im heißen Öl bei mittlerer Hitze etwa drei Minuten schmoren, dabei häufig umrühren. Eier mit Salz und Pfeffer verquirlen und darübergießen. Bei kleiner bis mittlerer Hitze fünf Minuten stocken lassen. Mit einer Gabel durchrühren und anrichten. ◤ Dazu: Kartoffeln oder Brot ◤ Pro Portion 15 g Eiweiß, 23 g Fett, 5 g Kohlenhydrate, 1 g Ballaststoffe, 280 Kalorien

Rotkohl mit Wein und Trockenpflaumen

FÜR 4 PORTIONEN

12 getrocknete, entsteinte Pflaumen,
1/8 l trockener Rotwein, 1 Kopf Rotkohl (etwa 750 g), 1 Zwiebel, 1 Knoblauchzehe,
2 Eßl. Öl, 3 Eßl. Rotweinessig, Salz,
Cayennepfeffer, 1/2 Bund Petersilie

Pflaumen etwa 30 Minuten zugedeckt im Wein ziehen lassen. Rotkohl putzen, vierteln, waschen und fein schneiden oder hobeln. Zwiebel und Knoblauch hacken und im heißen Öl bei kleiner Hitze glasig braten. Kohl, Wein (ohne Pflaumen), Essig, Salz und Cayennepfeffer zugeben. Gemüse aufkochen und zugedeckt bei kleiner Hitze 15 Minuten garen. Pflaumen untermischen und im Kohl heiß werden lassen. Mit Petersilie bestreut servieren. Dazu: Eierkuchen (Rezept Seite 80, Füllung weglassen) oder Pellkartoffeln Pro Portion 4 g Eiweiß, 6 g Fett, 19 g Kohlenhydrate, 7 g Ballaststoffe, 165 Kalorien

Blumenkohlsuppe

FÜR 4 PORTIONEN

1 Blumenkohl (etwa 800 g), Salz, 50 g Butter,
50 g Mehl, 2 Eßl. Schlagsahne,
frisch gemahlener weißer Pfeffer, Muskat,
1 Bund Schnittlauch

Blumenkohl putzen, in Röschen teilen und waschen. Eineinviertel Liter Wasser mit Salz zum Kochen bringen. Blumenkohl darin aufkochen und zugedeckt bei kleiner Hitze in etwa zehn Minuten gerade eben bißfest garen. Mit einem Schaumlöffel herausnehmen. Weiche Butter mit Mehl verkneten. Blumenkohlbrühe aufkochen, Mehlbutter zugeben und rühren, bis die Suppe dickflüssig wird. Blumenkohl darin heiß werden lassen, Sahne untermischen. Mit Salz, Pfeffer und Muskat abschmecken und mit Schnittlauchröllchen bestreuen. Pro Portion 6 g Eiweiß, 23 g Fett, 14 g Kohlenhydrate, 3 g Ballaststoffe, 210 Kalorien

Rohkostteller mit Schafkäse (Rezept Seite 38)

2/Salate und Rohkost

Rohkostteller mit Schafkäse

FÜR 4 PORTIONEN — FOTO SEITE 36/37

250 g Schafkäse, 500 g Tomaten,
1 weißer Rettich (etwa 400 g), Salz,
1 kleine Salatgurke (etwa 400 g),
2 Bund Radieschen, 1 Bund Petersilie,
1 Dose gefüllte Weinblätter (Einwaage 315 g),
3 Eßl. Weißweinessig, 2 Knoblauchzehen,
1 Teel. scharfer Senf, 5 Eßl. Olivenöl,
1 Handvoll frischer Oregano,
frisch gemahlener schwarzer Pfeffer,
100 g schwarze Oliven

Schafkäse würfeln, Tomaten und Rettich in Scheiben schneiden. Alles auf Portionstellern anrichten. Rettich salzen, damit er milder schmeckt. Gurke schälen und in etwa fingerlange Stücke schneiden. Fruchtfleisch der Gurkenstücke mit einem kleinen scharfen Messer wie einen Apfel rund um das Kerngehäuse so abschneiden, daß das Fleisch lange Spiralen bildet. Mit Radieschenvierteln, grob gehackten Petersilienblättern und abgetropften Weinblättern ebenfalls auf den Tellern anrichten. Essig mit zerdrücktem Knoblauch, Senf, Salz und Öl verrühren. Fein zerkleinerten Oregano und reichlich Pfeffer untermischen. Über den Rohkostportionen verteilen und Oliven darauf anrichten. ◤ Dazu: Fladenbrot, Baguette oder Bauernbrot ◤ Pro Portion 16 g Eiweiß, 45 g Fett, 35 g Kohlenhydrate, 7 g Ballaststoffe, 605 Kalorien

LÄUSE IM SALAT SIND KEIN BEWEIS FÜR BIOKOST Besonders viel Ungeziefer kann sogar ein Zeichen für ein gestörtes ökologisches Gleichgewicht sein. Als Verbraucher hat man leider keine Möglichkeit, alternativ angebaute Produkte zu erkennen - weder am Aussehen noch am Geruch oder Geschmack. Wenn Sie Wert auf Naturkost legen, bleibt Ihnen nur, in Läden zu kaufen, bei denen Sie sicher sind, daß sie von den großen Erzeugerorganisationen wie Demeter, biodyn, ANOG, Naturland, bioland oder Biokreis Ostbayern beliefert werden.

Rote-Bete-Salat

FÜR 3 PORTIONEN

500 g rote Bete,
3 Eßl. Rotweinessig,
1 Eßl. Aceto balsamico
(Balsamessig, siehe Tip Seite 49),
1 Prise Zucker,
1 Teel. Kümmel,
5 Eßl. Öl, Salz,
frisch gemahlener schwarzer Pfeffer

Rote Bete waschen und mit wenig Wasser in etwa 50 Minuten weich kochen. Kalt abschrecken, pellen und in dünne Scheiben schneiden. Die beiden Essigsorten, Zucker, Kümmel und Öl verrühren und mit den rote Bete mischen. Mit Salz und Pfeffer kräftig würzen. Pro Portion 3 g Eiweiß, 17 g Fett, 15 g Kohlenhydrate, 4 g Ballaststoffe, 230 Kalorien

Orientalischer Petersiliensalat

FÜR 2 PORTIONEN

100 g glatte Petersilie, 3 Eßl. Zitronensaft,
Salz, frisch gemahlener weißer Pfeffer,
1 Messerspitze gemahlener Koriander,
je 1 Eßl. Erdnuß- und Olivenöl,
1 Eßl. Schnittlauchröllchen, 1 Tomate,
Couscous oder Brotwürfel zum Bestreuen
(siehe TIP)

Petersilie waschen und trockentupfen. Blättchen abzupfen und grob zerkleinern (Stiele wegwerfen). Zitronensaft mit Salz, Pfeffer, Koriander und den beiden Ölsorten verrühren. Petersilie und Schnittlauchröllchen damit mischen und zugedeckt 25 Minuten ziehen lassen. Tomate waschen und würfeln. Den Petersiliensalat auf Portionstellern anrichten. Mit Tomatenwürfeln und Getreide oder Brotwürfeln bestreut servieren. Pro Portion 3 g Eiweiß, 15 g Fett, 11 g Kohlenhydrate, 3 g Ballaststoffe, 190 Kalorien

TIP: Im Orient bestreut man die Salatportionen mit je etwa einem Eßlöffel gegartem, kaltem Couscous (Rezept Seite 90). Sie können auch Reste von Hirse, Bulgur oder anderem Getreide nehmen. Oder Sie braten pro Portion eine halbe Scheibe gewürfeltes Vollkornbrot in Öl und geben es heiß über den Salat.

Nudelsalat mit Ei

FÜR 3 PORTIONEN — FOTO

4 Eier, 125 g Hörnchennudeln, Salz,
100 g Crème fraîche, 2 Eßl. Zitronensaft,
2 Eßl. Öl, 1 Kopf grüner Salat, 3 Tomaten,
1 Bund Lauchzwiebeln,
frisch gemahlener weißer Pfeffer,
1/2 Bund Dill

Eier in acht bis zehn Minuten hart kochen, kalt abschrecken, pellen und vierteln. Die Nudeln in reichlich Salzwasser al dente (bißfest) kochen, abgießen und sofort mit Crème fraîche, Zitronensaft und Öl vermischen. Salat zerpflücken, waschen, trockenschwenken und in mundgerechte Stücke zupfen. Tomaten achteln, Zwiebeln putzen und in Ringe schneiden. Alles mit den Nudeln mischen, mit Salz und Pfeffer würzen und auf einer Platte anrichten. Eier darauflegen. Mit gehacktem Dill bestreuen.

Pro Portion 17 g Eiweiß, 30 g Fett, 33 g Kohlenhydrate, 4 g Ballaststoffe, 470 Kalorien

IST VEGETARISCH ESSEN GUT FÜR DEN CHOLESTERINSPIEGEL? Ja, weil man ganz automatisch weniger tierisches Fett zu sich nimmt, wenn man auf Fleisch und Wurst verzichtet. Außerdem stehen bei fleischlosem Essen pflanzliche Lebensmittel wie Gemüse, Salat, Nudeln, Kartoffeln und Hülsenfrüchte im Mittelpunkt. Sie werden durch cholesterinhaltige Lebensmittel wie Butter, Eier, Crème fraîche, Sahne und Käse nur ergänzt. Hinzu kommt, daß bestimmte Ballaststoffe – zum Beispiel in Obst und vermutlich auch in Hafer - den Cholesterinspiegel senken.

Pilzsalat mit Tofu

FÜR 4 PORTIONEN — FOTO

100 g rote Linsen, 250 g Tofu,
4 Eßl. Sojasoße, 1 Zitrone,
frisch gemahlener Pfeffer,
500 g Champignons, 500 g Tomaten,
1/2 Kopf grüner Salat,
2 Zweige Zitronenmelisse, Salz,
1 Bund Lauchzwiebeln, 150 g saure Sahne,
100 g Crème fraîche,
1 Teel. Currypulver, Cayennepfeffer

Linsen in 300 Kubikzentimeter Wasser aufkochen und zugedeckt bei kleiner Hitze etwa zwölf Minuten kochen lassen, bis sie weich, aber noch nicht zerfallen sind. Abgießen und abtropfen lassen, Kochbrühe auffangen. Tofu in Scheiben schneiden. Für die Marinade Linsenbrühe mit je drei Eßlöffel Sojasoße und Zitronensaft mischen und über den Tofu gießen. Mit Pfeffer bestreuen und ziehen lassen, bis die restlichen Zutaten vorbereitet sind. Pilze putzen, in Scheiben schneiden und mit dem restlichen Zitronensaft vermischen. Tomaten in Scheiben schneiden, geputzten Salat in Streifen teilen. Zitronenmelisse hacken. Alles mit Tofu und der Marinade mischen und auf einer Platte anrichten. Linsen darüberstreuen und mit wenig Salz würzen. Für die Soße Zwiebeln putzen, waschen und in feine Ringe schneiden. Mit Sahne, Crème fraîche, Curry und Cayennepfeffer mischen und zum Salat servieren.

Dazu: Fladenbrot oder Baguette

Pro Portion 19 g Eiweiß, 17 g Fett, 24 g Kohlenhydrate, 8 g Ballaststoffe, 335 Kalorien

ROTE LINSEN sind geschält und brauchen deshalb nur 15 Minuten zum Weichwerden. Bei Garzeiten von mehr als 20 Minuten verkochen sie zu Mus – dann können Sie Brotaufstrich (siehe Rezept Seite 116) oder Cremesuppen damit zubereiten.

Spargelsalat mit Mangold

FÜR 3 PORTIONEN

500 g weißer Spargel, 350 g Mangold,
5 Lauchzwiebeln (etwa 60 g), Salz,
2 Eßl. Apfelessig, 3 Eßl. Öl,
frisch gemahlener weißer Pfeffer

Spargel schälen und eventuell holzige Enden abschneiden. Mangold waschen, Zwiebeln putzen. Spargelstangen in reichlich kochendes Salzwasser geben, einmal aufkochen und zugedeckt bei kleiner Hitze zehn Minuten garen. Mangold und Lauchzwiebeln zugeben, erneut aufkochen und weitere fünf Minuten garen. Gemüse mit einem Schaumlöffel herausnehmen und auf einer tiefen Platte anrichten. Von der Kochbrühe einen Viertelliter abmessen, mit Essig und Öl vermischen und über das Gemüse geben. Den Salat mit Pfeffer würzen und lauwarm oder kalt servieren. ◤ Dazu: Toast oder Pellkartoffeln ◤ Pro Portion 6 g Eiweiß, 10 g Fett, 7 g Kohlenhydrate, 5 g Ballaststoffe, 140 Kalorien

Eiersalat mit Radieschen

FÜR 4 PORTIONEN

5 Eier, 150 g Radieschen,
3 Zweige Basilikum,
je 50 g Crème fraîche und Dickmilch,
1/2 Teel. scharfer Senf, Salz,
frisch gemahlener weißer Pfeffer

Eier in acht bis zehn Minuten hart kochen, kalt abschrecken, pellen und hacken. Radieschen waschen und würfeln, Basilikum fein zerkleinern. Alles mit Crème fraîche, Dickmilch, Senf, Salz und Pfeffer mischen. ◤ Dazu: Brot oder Pellkartoffeln ◤ Pro Portion 10 g Eiweiß, 13 g Fett, 2 g Kohlenhydrate, 0,5 g Ballaststoffe, 170 Kalorien

Rohkostplatte

FÜR 3 PORTIONEN

1/2 Kopf grüner Salat, 100 g gegartes Couscous oder Bulgur (siehe Tip Seite 90; ersatzweise geröstete Brotwürfel),
2 Tomaten (etwa 250 g),
2 Möhren (etwa 200 g),
1 Sück weißer Rettich (etwa 200 g),
1 kleiner Kohlrabi (etwa 200 g),
1 Zucchino (etwa 100 g), je 1 rote und grüne Paprikaschote, Salz, 1 Bund Schnittlauch,
1 Bund Dill, 1 Handvoll Basilikumblättchen,
4 Eßl. Essig, 3 Eßl. Gemüsebrühe (siehe Kasten Seite 92), 1 Eßl. scharfer Senf,
1 Prise Zucker, frisch gemahlener weißer Pfeffer, 5 Eßl. Öl, 2 Eßl. Schlagsahne,
1 Eßl. Joghurt (3,5 %), 1 Teel. Zitronensaft,
50 g gehackte Nußkerne

Salatblätter waschen, trockenschwenken und in mundgerechte Stücke zupfen. In die Mitte einer großen Platte legen. Getreide daneben häufen. Tomaten waschen und würfeln, Möhren, Rettich und Kohlrabi schälen und raspeln. Geputzten Zucchino ebenfalls raspeln. Paprikaschoten putzen und in feine Streifen schneiden. Zerkleinertes Gemüse rund um den Salat anrichten. Rettich salzen. Schnittlauch zerkleinern, über Rettich, grünen Salat und Getreide streuen. Gehackten Dill über Möhren und Zucchino, Basilikumblättchen auf Tomaten und Paprikaschoten geben. Für die Soße Essig, Gemüsebrühe, Senf, Salz, Zucker, Pfeffer und Öl verrühren. Über grünen Salat, Getreide und Gemüse träufeln. Schlagsahne über den Rettich gießen. Joghurt mit Zitronensaft verrühren und auf die Möhren geben. Alles mit Nüssen bestreuen. Dazu: Butter- oder Käsebrot Pro Portion 13 g Eiweiß, 23 g Fett, 46 g Kohlenhydrate, 13 g Ballaststoffe, 443 Kalorien

Warmer Gemüsesalat mit Bulgur

FÜR 4 PORTIONEN — FOTO

250 g Bulgur (siehe Tip Seite 90),
1 Teel. Instant-Gemüsebrühe, 1 Aubergine (etwa 250 g), je 1 grüne, gelbe und rote Paprikaschote (etwa 400 g), 5 Eßl. Öl,
2 Eßl. Zitronensaft, 2 Eßl. Weißweinessig,
Salz, frisch gemahlener weißer Pfeffer,
3 Lauchzwiebeln, 150 g Schafkäse,
1 Handvoll Minzeblättchen

Bulgur mit einem halben Liter Wasser und der Instant-Gemüsebrühe aufkochen und zugedeckt bei kleinster Hitze 20 Minuten garen. Aubergine und Paprikaschoten waschen und putzen. Aubergine längs halbieren und in dünne Scheiben, Paprikaschoten in Rauten schneiden. Drei Eßlöffel Öl erhitzen, zerkleinertes Gemüse darin bei mittlerer Hitze anbraten. Zwei Eßlöffel Wasser zugeben, aufkochen und Gemüse zugedeckt bei kleiner Hitze fünf Minuten garen. Zitronensaft, Essig, Salz, Pfeffer und restliches Öl untermischen. Lauchzwiebeln putzen, waschen und in dünne Ringe schneiden. Schafkäse zerbröckeln, Minze hacken. Alles unter das abgekühlte Bulgur mischen. Auf dem Gemüse anrichten. ◤ Pro Portion 16 g Eiweiß, 13 g Fett, 56 g Kohlenhydrate, 10 g Ballaststoffe, 450 Kalorien

Nudelsalat mit Spinat und Kapern

FÜR 4 PORTIONEN

50 g Hörnchennudeln, Salz, 4 Eßl. Olivenöl,
500 g Spinat, 1/2 kleine Zitrone,
1 Knoblauchzehe, 1-2 Eßl. Kapern,
frisch gemahlener schwarzer Pfeffer

Nudeln in reichlich Salzwasser bißfest garen. Abgießen, sofort mit einem Eßlöffel Öl mischen und abkühlen lassen. Spinat verlesen, waschen, trockenschwenken und grob hacken. Die Zitrone mit einem scharfen Messer in Scheiben schneiden. Schale großzügig abschneiden, die Zitronenscheiben in kleine Stücke teilen. Knoblauch hacken. Das restliche Öl erhitzen. Spinat mit Zitronenstückchen und Knoblauch darin bei großer bis mittlerer Hitze unter ständigem Rühren schmoren, bis er intensiv grün ist. Alles mit den Nudeln und den abgetropften Kapern mischen. Salat mit Salz und Pfeffer abschmecken und sofort servieren, sonst werden die Nudeln zu weich. ◤ Pro Portion 11 g Eiweiß, 12 g Fett, 45 g Kohlenhydrate, 5 g Ballaststoffe, 340 Kalorien

Bunter Apfelsalat mit Sesam

FÜR 2 PORTIONEN

2 säuerliche Äpfel (etwa 250 g),
2 Möhren (etwa 200 g),
1 Stück weißer Rettich (etwa 150 g),
1 große Tomate (etwa 200 g),
2 Eßl. Apfelessig, Salz,
frisch gemahlener weißer Pfeffer,
2 Eßl. Crème fraîche, 1 Teel. Öl,
1 Eßl. Sesamsamen

Äpfel, Möhren und Rettich schälen und raspeln. Tomate würfeln. Alles mit Essig, wenig Salz, reichlich Pfeffer, Crème fraîche und Öl mischen. Sesam ohne Fettzugabe in einer Pfanne rösten und daraüberstreuen. ◤ Dazu: Butterbrot ◤ Pro Portion 5 g Eiweiß, 17 g Fett, 24 g Kohlenhydrate, 30 g Ballaststoffe, 275 Kalorien

Blumenkohlsalat mit Tomaten

FÜR 4 PORTIONEN

1 Blumenkohl (etwa 700 g), Salz,
2 Tomaten (etwa 200 g),
1 Bund Schnittlauch,
2 Portionen "Mayonnaise mit Kräutern" (Rezept Seite 114),
2 Eßl. Magerjoghurt,
1 Eßl. Zitronensaft, Cayennepfeffer

Blumenkohl in Röschen teilen und in Salzwasser gerade eben bißfest garen. Abgießen und abtropfen lassen. Tomaten würfeln, Schnittlauch in Röllchen schneiden. Mayonnaise mit Joghurt und Zitronensaft verrühren. Mit Blumenkohl, Tomaten und Schnittlauch mischen. Salat mit Salz und Cayennepfeffer würzen. ◤ Dazu: Butterbrot ◤ Pro Portion 6 g Eiweiß, 17 g Fett, 8 g Kohlenhydrate, 6 g Ballaststoffe, 210 Kalorien

Gemischter Salat mit Ei

FÜR 4 PORTIONEN

3 Eier, 100 g Vollkornbrot, 50 g Austernpilze,
1 Eßl. Butter, 5 Eßl. Öl,
1 Kopf Endiviensalat, 1 Kopf Radicchio,
1 Möhre, 200 g weißer Rettich,
1 kleine Fenchelknolle, 1 Stange Sellerie,
1 Bund Schnittlauch,
2 Eßl. milder Apfelessig, 1 Teel. Aceto balsamico (Balsamessig, siehe TIP),
2 Eßl. Gemüsebrühe (siehe Kasten Seite 92),
Salz, frisch gemahlener Pfeffer,
1 Eßl. scharfer Senf

Eier in acht bis zehn Minuten hart kochen, kalt abschrecken, pellen und hacken. Brot würfeln, Pilze putzen und in Streifen schneiden. Butter und zwei Eßlöffel Öl erhitzen. Brot und Pilze darin bei kleiner bis mittlerer Hitze unter häufigem Wenden rösten, bis das Brot knusprig ist. Beide Salatsorten zerpflücken, waschen und trockenschwenken. In mundgerechte Stücke teilen. Möhre und Rettich schälen und raspeln. Fenchel- und Sellerieblättchen abschneiden und zum Bestreuen beiseite legen. Fenchelknolle halbieren, Strunk herausschneiden. Hälften waschen und in dünne Streifen schneiden. Selleriestange in etwa fingerdicke Stücke, Schnittlauch in Röllchen schneiden. Salat, zerkleinertes Gemüse, Schnittlauch und Ei mischen. Für die Soße beide Essigsorten, Brühe, Salz, Pfeffer, Senf und restliches Öl verrühren. Soße mit dem Salat mischen. Auf Portionstellern anrichten, zerkleinerte Gemüseblättchen, gebratenes Brot und Pilze darauf verteilen. Pro Portion 11 g Eiweiß, 13 g Fett, 16 g Kohlenhydrate, 6 g Ballaststoffe, 295 Kalorien

TIP: Aceto balsamico ist die italienische Bezeichnung für Balsamessig, einen aromatischen Weinessig, der Salatsoßen eine milde, leicht süße Würze gibt. Preiswerten Balsamessig bekommen Sie in der Feinkostabteilung von Supermärkten, besonders hochwertigen in italienischen Lebensmittelgeschäften.

Wintersalat

FÜR 6 PORTIONEN — FOTO

1 Endiviensalat, 4 Stangen Sellerie,
2 grüne Paprikaschoten,
1/2 Bund Petersilie,
1 Dose Maiskörner (Füllmenge 425 g),
1 Teel. Instant-Gemüsebrühe,
1 Knoblauchzehe, 2 Eßl. Weißweinessig,
1 Teel. Aceto balsamico (Balsamessig, siehe Tip Seite 49), 1/2 Eßl. scharfer Senf,
frisch gemahlener weißer Pfeffer,
1 Messerspitze gemahlener Koriander,
3 Eßl. Öl, Salz

Salat putzen, waschen, trockenschwenken und in Streifen schneiden. Selleriestangen in etwa fingerbreite Stükke teilen. Paprikaschoten würfeln, Petersilie hacken, Mais abtropfen lassen. Alle diese Zutaten mischen. Für die Soße 100 Kubikzentimeter Wasser mit Brühe und gehacktem Knoblauch aufkochen. Etwas abgekühlt mit den beiden Essigsorten, Senf, Pfeffer, Koriander und Öl verrühren. Salat damit mischen, fünf Minuten ziehen lassen und eventuell noch mit Salz würzen. ◤ Dazu: Käsebrot ◤ Pro Portion 4 g Eiweiß, 6 g Fett, 18 g Kohlenhydrate, 4 g Ballaststoffe, 150 Kalorien

Möhrensalat mit Birnen

FÜR 3 PORTIONEN

300 g Möhren,
2 feste Birnen (etwa 300 g),
1 Orange, 75 g Magerjoghurt,
1 Eßl. Schlagsahne,
50 g gehackte Nußkerne,
frisch gemahlener weißer Pfeffer

Möhren schälen und raspeln, Birnen vierteln, vom Kerngehäuse befreien, schälen und würfeln. Orangensaft, Joghurt und Sahne verrühren. Mit Möhren, Birnen, Nüssen und reichlich Pfeffer mischen. ◤ Pro Portion 5 g Eiweiß, 13 g Fett, 24 g Kohlenhydrate, 8 g Ballaststoffe, 220 Kalorien

Kartoffelsalat mit Äpfeln und Gurke

FÜR 4 PORTIONEN — FOTO

1 kg Kartoffeln (festkochende Sorte),
1 große Zwiebel, 1/2 Eßl. Instant-Gemüsebrühe, 1 Teel. scharfer Senf,
3 Eßl. Apfelessig, 5 Eßl. Olivenöl,
2 säuerliche Äpfel, 400 g Salatgurke,
2 Bund Dill, Salz,
frisch gemahlener schwarzer Pfeffer,
1 Handvoll Brunnenkresse (ersatzweise 1 Kästchen Gartenkresse),
100 g frisch geriebener Pecorino- oder Parmesankäse

Kartoffeln waschen und in wenig Wasser weich kochen. Das dauert je nach Größe 20 bis 30 Minuten. Inzwischen Zwiebel abziehen und fein hacken. Einen Achtelliter Wasser mit der Instant-Gemüsebrühe aufkochen. Topf von der Kochstelle nehmen. Senf, Essig und Öl in die Brühe rühren. Kartoffeln abziehen, längs vierteln, mit Zwiebel und Brühe mischen und zugedeckt ziehen lassen, bis die anderen Zutaten vorbereitet sind. Äpfel waschen, vierteln, vom Kerngehäuse befreien und in Würfel schneiden. Geschälte Gurke der Länge nach halbieren. Kerne mit einem Löffel herauskratzen, Gurke würfeln. Dill hacken. Alle diese Zutaten mit den Kartoffeln mischen. Salat mit Salz und Pfeffer abschmecken. Mit Kresse und Käse bestreut servieren. ◤ Pro Portion 15 g Eiweiß, 12 g Fett, 48 g Kohlenhydrate, 19 g Ballaststoffe, 440 Kalorien

WELCHE KARTOFFELN FÜR WELCHEN ZWECK? Die verschiedenen Kochtypen unterscheidet man danach, ob sie beim Kochen eher zerfallen oder die Form behalten. Meist spielt es keine Rolle, welche Kartoffeln Sie verwenden. Manche Gerichte gelingen aber am besten mit einem bestimmten Kochtyp. Nehmen Sie deshalb

- "festkochende" Kartoffeln für Salate;
- "mehlige" Kartoffeln für Püree, Cremesuppen und Klöße;
- "vorwiegend festkochende" Kartoffeln für Bratkartoffeln, Gratins und Pommes frites.

Gemischter Salat mit Käsesoße

FÜR 4 PORTIONEN

1 Kopf grüner Salat, 1 Bund Radieschen, 1 Möhre, 200 g Salatgurke, 1 grüne Paprikaschote, 1 Tomate, 1 Bund Schnittlauch, eventuell 1 Handvoll gemischte Kräuterblättchen wie Borretsch, Kerbel, Estragon, Zitronenmelisse und Rauke (Ruccola; siehe Kasten), 3 Eßl. milder Weißweinessig, Salz, frisch gemahlener Pfeffer, 1 Teel. körniger Senf, 1 Prise Zucker, 2 Eßl. Schlagsahne, 1 Eßl. Milch, 4 Eßl. Olivenöl, 1 Eßl. frisch geriebener Parmesankäse

Salat zerpflücken, waschen und trockenschwenken. In mundgerechte Stücke teilen. Radieschen in Scheiben schneiden. Möhren und Gurke schälen und raspeln. Paprikaschote in Streifen schneiden, Tomate würfeln. Schnittlauch in Röllchen schneiden, Kräuterblättchen grob hacken. Alles in einer Schüssel mischen. Für die Soße Essig, Salz, Pfeffer, Senf, Zucker, Sahne, Milch und Öl verrühren. Zum Schluß den Käse unterrühren. Soße mit dem Salat mischen. Dazu: Brote mit Tomatenmus (Rezept Seite 82) oder Butterbrot Pro Portion 3 g Eiweiß, 14 g Fett, 7 g Kohlenhydrate, 4 g Ballaststoffe, 160 Kalorien

RUCCOLA – WÜRZKRAUT UND SALATPFLANZE Ruccola, Roquette oder einfach Rauke galt früher bei uns als Unkraut. In der italienischen Küche dagegen war sie schon immer eine beliebte Salatzutat. Rauke schmeckt nußartig, ein bißchen scharf und sehr würzig. Zu kaufen gibt es die zarten Blätter in gut sortierten Gemüseläden und auf Märkten. Aber Sie können das Kraut leicht selbst im Balkonkasten oder in großen Töpfen ziehen und den ganzen Sommer über ernten (Samen gibt's in Gartencentern). Für Gartenbesitzer gut zu wissen : Schnecken mögen Rauke nicht!
Ruccola schmeckt am besten als Würze in Blatt- und Gemüsesalaten, Eier- und Käsesalaten. Oder als eigener Salat – eventuell mit Tomaten oder mit gebratenen Pilzen – in einer Vinaigrette aus mildem Obstessig, Oliven- und Nußöl.

Fenchelsalat mit Orangen

FÜR 4 PORTIONEN

500 g Fenchel, 2 Orangen (etwa 400 g),
1 Eßl. Zitronensaft, 2 1/2 Eßl. Öl,
frisch gemahlener weißer Pfeffer,
1 Eßl. Sonnenblumenkerne

Fenchelblättchen abschneiden und zum Bestreuen beiseite legen. Knollen längs halbieren, Strunk herausschneiden. Hälften waschen und quer zu den Fasern in dünne Streifen schneiden. Orangen schälen und würfeln. Fenchel, Orangen, Zitronensaft, zwei Eßlöffel Öl und Pfeffer vermischen. Sonnenblumenkerne im restlichen Öl rösten. Mit den gehackten Fenchelblättchen über den Salat streuen. ◤ Dazu: Butterbrot und Käse ◤ Pro Portion 5 g Eiweiß, 9 g Fett, 17 g Kohlenhydrate, 6 g Ballaststoffe, 165 Kalorien

Käsesalat mit Trauben

FÜR 4 PORTIONEN

500 g weiße und blaue Weintrauben gemischt,
200 g mittelalter Goudakäse,
50 g Walnußkerne, 1 Eßl. Crème fraîche,
1 Eßl. Zitronensaft,
frisch gemahlener weißer Pfeffer

Weintrauben waschen, abzupfen, nach Wunsch halbieren und Kerne entfernen. Käse würfeln. Nüsse grob hacken. Alles mit Crème fraîche, Zitronensaft und reichlich Pfeffer vermischen. ◤ Dazu: Brot oder Pellkartoffeln ◤ Pro Portion 16 g Eiweiß, 33 g Fett, 24 g Kohlenhydrate, 3 g Ballaststoffe, 450 Kalorien

3/Kartoffeln

Gebackene Kartoffeln mit Rosmarin (Rezept Seite 58)

Gebackene Kartoffeln mit Rosmarin

FÜR 6 PORTIONEN — FOTO SEITE 56/57

1,5 kg kleine Kartoffeln, 1/8 l Olivenöl,
4 Knoblauchzehen, 3 Zweige Rosmarin,
grobes Meersalz,
frisch gemahlener weißer Pfeffer

Kartoffeln waschen, halbieren und auf ein Backblech legen. Öl darüberträufeln. Abgezogenen Knoblauch in Scheiben schneiden, Rosmarinblättchen abzupfen. Beide Zutaten, Salz und Pfeffer über die Kartoffeln streuen. Blech in den kalten Backofen (mittlere Schiene) schieben. Ofen auf 200 Grad (Umluft 180 Grad, Gas Stufe 3) schalten. Kartoffeln etwa 45 Minuten backen, bis sie weich sind. ◤ Dazu: Salat und Käsecreme (Rezept Seite 116) oder Quarkdip mit Gemüse (Rezept Seite 123) ◤ Pro Portion 5 g Eiweiß, 21 g Fett, 39 g Kohlenhydrate, 6 g Ballaststoffe, 365 Kalorien

Dicke Kartoffelsuppe mit Gemüse

FÜR 4 PORTIONEN

700 g Kartoffeln, 1 Eßl. Butter,
1 1/2 l Gemüsebrühe
(siehe Kasten Seite 92),
1 Paket Tiefkühl-Suppengemüse (450 g),
4 Scheiben Toastbrot (etwa 120 g),
150 g frisch geriebener Parmesankäse,
1 Bund Schnittlauch

Kartoffeln schälen, waschen, in kleine Würfel schneiden und in der heißen Butter anbraten. Brühe und Gemüse zugeben, aufkochen und zugedeckt bei kleiner Hitze in etwa zehn Minuten weich garen. Toast rösten, vierteln und in Suppenteller legen. Suppe darübergeben, mit Käse und Schnittlauchröllchen bestreuen. ◤ Pro Portion 21 g Eiweiß, 13 g Fett, 49 g Kohlenhydrate, 8 g Ballaststoffe, 290 Kalorien

Kartoffelsuppe mit Sauerkraut

FÜR 4 PORTIONEN

1 große Zwiebel, 1 Knoblauchzehe,
300 g Sauerkraut,
500 g Kartoffeln (mehlige Sorte),
1 Eßl. Öl, 1 Eßl. getrockneter Majoran,
1 Eßl. Instant-Gemüsebrühe, Salz,
frisch gemahlener weißer Pfeffer,
100 g saure Sahne,
1/2 Eßl. edelsüßes Paprikapulver

Zwiebel und Knoblauch abziehen und hacken, Sauerkraut grob zerschneiden. Kartoffeln schälen, waschen und in kleine Würfel schneiden. Öl erhitzen. Zwiebel, Knoblauch, Sauerkraut und Kartoffeln darin bei mittlerer Hitze unter Rühren anbraten. Einen Liter Wasser, Majoran und Brühe zugeben und unter Rühren aufkochen. Suppe zugedeckt bei kleiner Hitze etwa 15 Minuten garen, bis die Kartoffeln weich sind. Mit Salz und Pfeffer abschmecken. Saure Sahne mit Paprika verrühren. Suppe auf Tellern verteilen. Auf jede Portion einen Klecks Paprikasahne geben. Pro Portion 5 g Eiweiß, 8 g Fett, 5 g Kohlenhydrate, 5 g Ballaststoffe, 180 Kalorien

Stampfkartoffeln mit brauner Butter

FÜR 4 PORTIONEN

1,5 kg Kartoffeln (mehlige Sorte), Salz,
1/8 l Milch, 1 Teel. Instant-Gemüsebrühe,
1 kleine Zwiebel, 100 g Butter,
50 g Paniermehl, 1 Bund Petersilie

Kartoffeln schälen, waschen und würfeln. Mit Salz, einem Achtelliter Wasser, Milch und Brühe aufkochen und zugedeckt bei kleiner Hitze in etwa 15 Minuten weich kochen. Zwiebel hacken und in der heißen Butter bei kleiner Hitze glasig braten. Paniermehl zugeben und bei mittlerer Hitze goldgelb rösten. Kartoffeln zerdrücken und in eine Schüssel geben. Butter und gehackte Petersilie darüber verteilen. Dazu: Gurken- oder Tomatensalat Pro Portion 11 g Eiweiß, 22 g Fett, 71 g Kohlenhydrate, 10 g Ballaststoffe, 520 Kalorien

Kartoffelauflauf mit Zwiebeln

FÜR 4 PORTIONEN

750 g Kartoffeln (mehlige Sorte),
400 g Zwiebeln, Salz, 1 Bund Petersilie, 1 Ei,
100 g frisch geriebener Emmentaler Käse,
100 g Buttermilch, 100 g Crème fraîche,
Salz, Cayennepfeffer,
2 Fleischtomaten (etwa 400 g),
1 Eßl. Butter

Kartoffeln schälen, waschen und würfeln. Abgezogene Zwiebeln achteln. Beide Zutaten mit fünf Eßlöffel Wasser und Salz aufkochen und zugedeckt bei kleiner Hitze in etwa 20 Minuten sehr weich kochen. Mit dem Kartoffelstampfer zerdrücken. Fein gehackte Petersilie, Ei, Käse, Buttermilch, Crème fraîche und eine kräftige Prise Cayennepfeffer unter das Püree mischen. In eine ofenfeste Form geben. Tomaten häuten, in Scheiben schneiden und darauflegen. Mit Butterflöckchen belegen. Form in den kalten Backofen (mittlere Schiene) stellen. Ofen auf 200 Grad (Umluft 180 Grad, Gas Stufe 3) schalten. Den Auflauf etwa 40 Minuten backen. ◤ Dazu: Gurkensalat. ◤ Pro Portion 17 g Eiweiß, 22 g Fett, 41 g Kohlenhydrate, 9 g Ballaststoffe, 425 Kalorien

RESTE KÖNNEN SIE SO VERWERTEN:
- Pellkartoffeln als Auflauf (siehe Rezept oben oder Seite 30), Kartoffelklößchen (Seite 67);
- gegartes Getreide als Ergänzung zu Salaten (Rezepte Seite 40 und 45) oder Gemüse (Zucchini-Pfanne, Seite 20);
- Nudeln oder Reis mit Gemüse, Kräutern und Dressing als Salat (beides heiß mit etwas Öl vermischen, damit es beim Aufbewahren nicht zusammenklebt);
- Klöße in heißer Brühe mit reichlich Kräutern;
- alt gewordenes Brot in Gemüsesuppen (Seite 23) oder – gewürfelt und geröstet – in Salaten (Seite 44).

Gefüllte Kartoffeln

FÜR 4 PORTIONEN

4 große Kartoffeln
(mehlige Sorte; etwa 1 kg), 300 g Tomaten,
1 große Zwiebel, 1 Knoblauchzehe,
1 Handvoll gemischte Kräuter wie Petersilie,
Thymian, Salbei und Oregano (ersatzweise
1 Päckchen gemischte Tiefkühl-Kräuter),
2 Scheiben Toastbrot (etwa 60 g),
100 g frisch geriebener Käse, 1 Ei,
1 Eßl. Zitronensaft, Salz,
frisch gemahlener schwarzer Pfeffer,
1 Eßl. Butter, 100 g saure Sahne,
Cayennepfeffer

Kartoffeln waschen und 20 Minuten kochen. Inzwischen Tomaten abziehen und würfeln. Zwiebel, Knoblauch und Kräuter fein hacken. Brot zerkrümeln. Kartoffeln abgießen, längs halbieren und mit einem Löffel so weit aushöhlen, daß die Hälften etwa zwei Zentimeter dicke Schälchen bilden. Hälften nebeneinander in eine ofenfeste Form mit niedrigem Rand setzen. Kartoffelfleisch fein zerkleinern. Mit Tomaten, Zwiebel, Knoblauch, Kräutern, Brot, Käse, Ei und Zitronensaft vermischen, mit Salz und Pfeffer würzen. In die Kartoffelhälften füllen. Butterflöckchen darauflegen. Form in den kalten Backofen (untere Schiene) stellen. Ofen auf 220 Grad (Umluft 200 Grad, Gas Stufe 4) schalten. Kartoffeln etwa 30 Minuten backen. Auf jede Kartoffel einen Klecks saure Sahne setzen. Restliche Sahne mit einer kräftigen Prise Cayennepfeffer würzen und zu den Kartoffeln servieren. ◤ Dazu: gemischter Salat ◤ Pro Portion 11 g Eiweiß, 14 g Fett, 13 g Kohlenhydrate, 2 g Ballaststoffe, 380 Kalorien

Kartoffelsuppe mit Kürbis

FÜR 4 PORTIONEN — FOTO

600 g Kartoffeln (mehlige Sorte),
400 g Kürbisfleisch, 3 Eßl. Öl,
1 1/2 l Gemüsebrühe (siehe Kasten Seite 92),
300 g Tomaten, 1 Eigelb,
50 g Schlagsahne, Salz,
frisch gemahlener weißer Pfeffer

Geschälte Kartoffeln und Kürbis würfeln und im heißen Öl anbraten. Brühe zugießen, aufkochen und zugedeckt bei kleiner Hitze etwa 20 Minuten garen, bis die Kartoffeln weich sind. Mit dem Schneidestab grob zerkleinern. Tomaten abziehen und würfeln. Eigelb mit Sahne und etwas heißer Suppe verquirlen und in die Suppe rühren. Tomaten zugeben. Suppe bis knapp unter den Siedepunkt erhitzen. Mit Salz und Pfeffer abschmecken. ◤ Pro Portion 13 g Eiweiß, 13 g Fett, 34 g Kohlenhydrate, 5 g Ballaststoffe, 290 Kalorien

Kartoffeln mit Meerrettichsoße

FÜR 3 PORTIONEN

1 kg Kartoffeln, 2 Eßl. Öl,
Salz, 2 Eßl. Orangensaft,
1 Stück frischer Meerrettich
(etwa 10 cm lang),
100 g Crème fraîche,
1 Bund Schittlauch

Kartoffeln schälen, waschen, würfeln und im heißen Öl anbraten. Salz, Orangensaft und drei Eßlöffel Wasser zugeben, aufkochen und zugedeckt bei kleiner Hitze in etwa 15 Minuten weich garen. Meerrettich schälen und reiben. Mit Crème fraîche und Schnittlauchröllchen unter die Kartoffeln mischen. ◤ Dazu: Salat ◤ Pro Portion 9 g Eiweiß, 20 g Fett, 58 g Kohlenhydrate, 10 g Ballaststoffe, 450 Kalorien

Kartoffeln mit kalter Tomatensoße

FÜR 4 PORTIONEN — FOTO

1 kg kleine Kartoffeln, 2 Eßl. körniger Senf, 4 Eßl. Rotweinessig, 1 Teel. Aceto balsamico (Balsamessig, siehe Tip Seite 49), Salz, frisch gemahlener weißer Pfeffer, 4 Eßl. Gemüsebrühe (siehe Kasten Seite 92), 6 Eßl. Olivenöl, 1 Eßl. Erdnußöl, 2 Handvoll gemischte Kräuter wie Petersilie, Dill, Borretsch, Zitronenmelisse, Oregano, Schnittlauch und Kerbel (ersatzweise 2 Päckchen gemischte Tiefkühl-Kräuter), 1 Zwiebel, 400 g Tomaten

Kartoffeln waschen und mit der Schale in wenig Wasser weich kochen. Für die Soße Senf mit den beiden Essigsorten, Salz, Pfeffer, Brühe und den beiden Ölsorten verrühren. Kräuter und Zwiebel fein hacken, Tomaten würfeln. Alles unter die Soße mischen. Zu den Kartoffeln servieren. ◤ Pro Portion 7 g Eiweiß, 18 g Fett, 45 g Kohlenhydrate, 9 g Ballaststoffe, 385 Kalorien

Kartoffeln mit Pilzen

FÜR 3 PORTIONEN

700 g Kartoffeln, 300 g Champignons, 1 Zwiebel, 1 Teel. Öl, 200 g Crème fraîche, 1/2 Zitrone, Salz, frisch gemahlener weißer Pfeffer, je 1 Bund Petersilie und Schnittlauch

Kartoffeln schälen, waschen und würfeln. Mit drei Eßlöffel Wasser aufkochen und zugedeckt bei kleiner Hitze weich garen. Geputzte Pilze und gehackte Zwiebel im heißen Öl unter Rühren etwa eine Minute rösten. Crème fraîche, Zitronensaft und gegarte Kartoffeln untermischen. Mit Salz und Pfeffer abschmecken und mit zerkleinerten Kräutern bestreuen. ◤ Pro Portion 9 g Eiweiß, 29 g Fett, 40 g Kohlenhydrate, 9 g Ballaststoffe, 460 Kalorien

Kartoffelgemüse mit Kohlrabi und Frischkäse

FÜR 3 PORTIONEN

750 g Kartoffeln, 750 g Kohlrabi,
1/2 Zitrone, 1 Teel. Instant-Gemüsebrühe,
1 Bund Schnittlauch,
250 g körniger Frischkäse, 1 Teel. Butter,
Salz, Cayennepfeffer

Kartoffeln und Kohlrabi schälen, waschen und würfeln. Mit Zitronensaft, drei Eßlöffel Wasser und der Instant-Brühe aufkochen und zugedeckt bei kleiner Hitze in etwa 20 Minuten weich kochen. Fein zerkleinerten Schnittlauch, Frischkäse und Butter untermischen. Kartoffelgemüse mit Salz und einer kräftigen Prise Cayennepfeffer abschmecken. ◤ Pro Portion 20 g Eiweiß, 5 g Fett, 52 g Kohlenhydrate, 10 g Ballaststoffe, 340 Kalorien

Kartoffeln mit Wintergemüse

FÜR 4 PORTIONEN

500 g Kartoffeln, 300 g Möhren,
200 g Zwiebeln, 40 g Butter,
1 Teel. getrockneter Thymian,
2 Pakete Tiefkühl-Rosenkohl (600 g),
Salz, Cayennepfeffer,
200 g Schlagsahne,
2 Bund Schnittlauch

Kartoffeln und Möhren schälen, waschen und würfeln. Zwiebeln grob hacken. Alles bei mittlerer Hitze in der heißen Butter etwa zehn Minuten braten, dabei häufig wenden. Thymian, Rosenkohl, Salz, Cayennepfeffer und Sahne untermischen, aufkochen und zugedeckt bei kleiner Hitze weitere zehn Minuten garen, bis der Rosenkohl gerade eben bißfest ist. Mit Schnittlauchröllchen bestreuen. ◤ Dazu: wachsweiche Eier und Salat ◤ Pro Portion 12 g Eiweiß, 25 g Fett, 34 g Kohlenhydrate, 16 g Ballaststoffe, 410 Kalorien

Kartoffelklößchen mit Zwiebeln

FÜR 4 PORTIONEN

1 kg Kartoffeln (mehlige Sorte),
400 g Zwiebeln, 1 Handvoll Salbeiblättchen (ersatzweise 1/2 Bund Petersilie),
2 Eßl. Öl, 1 Eßl. Butter,
200 g Weizenvollkornmehl, 1 Ei,
Salz, frisch gemahlener weißer Pfeffer,
Muskat

Gewaschene Kartoffeln mit der Schale in wenig Wasser weich kochen. Pellen, zweimal durch die Kartoffelpresse drücken oder mit einer Gabel ganz fein zerdrücken (nicht pürieren!). Abkühlen lassen. Inzwischen Zwiebeln abziehen und in dünne Scheiben hobeln. Salbei in Streifen schneiden. Öl und Butter in einer Pfanne erhitzen. Zwiebeln und Salbei darin bei kleiner Hitze unter mehrmaligem Wenden etwa 20 Minuten braten. Kartoffeln mit Mehl, Ei, Salz, Pfeffer und Muskat zu einem glatten Teig verkneten. Mit bemehlten Händen tischtennisballgroße Klößchen formen. Klößchen in reichlich sprudelnd kochendes Salzwasser geben. Die Temperatur zurückschalten. Klößchen im schwach siedenden Wasser garen, bis sie an die Oberfläche steigen. Danach weitere vier Minuten garen. Mit einem Schaumlöffel herausnehmen, in einer heißen Schüssel mit Zwiebeln und Salbei anrichten. ◤ Dazu: grüner Salat und/oder geschmorte Austernpilze (Rezept Seite 20) ◤ Pro Portion 13 g Eiweiß, 10 g Fett, 72 g Kohlenhydrate, 18 g Ballaststoffe, 430 Kalorien

GANZ OHNE TIERISCHE LEBENSMITTEL GEHT ES NICHT
Fleisch und Eier sind für unsere Ernährung nicht wichtig. Milchprodukte und Fisch schon: Denn sie liefern Vitamin B_{12}, das in pflanzlichen Lebensmitteln nicht vorkommt. Milch und Käse, Joghurt und andere Sauermilchprodukte brauchen wir für die Calcium-Versorgung. Mit Seefisch decken wir den Jodbedarf. Deshalb: Milchprodukte am besten täglich, Fisch einmal pro Woche essen.

Kartoffeln mit Knoblauchsoße

FÜR 4 PORTIONEN — FOTO

1,5 kg kleine Kartoffeln, 2 Eigelb,
1 Teel. scharfer Senf, 1/8 l Öl,
2-3 Eßl. Weißweinessig,
1/2 Teel. gemahlener Kümmel,
1-2 Teel. Peperonicreme
(siehe Tip Seite 123),
5 Knoblauchzehen, Salz

Kartoffeln waschen und in wenig Wasser mit der Schale weich kochen. Eigelb mit Senf verrühren. Öl zuerst tropfenweise, dann in einem dünnen Strahl dazugießen und kräftig zu einer Mayonnaise verrühren. Essig, Kümmel, Peperonicreme und zerdrückte Knoblauchzehen untermischen, mit Salz abschmecken. Zu den heißen Kartoffeln servieren. Pro Portion 9 g Eiweiß, 34 g Fett, 59 g Kohlenhydrate, 10 g Ballaststoffe, 585 Kalorien

Kartoffeln mit Tomatenquark

FÜR 3 PORTIONEN

700 g Kartoffeln, 3 Eßl. Öl,
250 g Quark (20 %), 2 Eßl. Crème fraîche,
2 Tomaten (etwa 200 g),
1/2 Bund Schnittlauch,
3 Zweige Basilikum, Salz,
frisch gemahlener weißer Pfeffer

Kartoffeln waschen, in fingerdicke Scheiben schneiden, auf ein Backblech legen und mit Öl beträufeln. In den kalten Backofen (mittlere Schiene) schieben. Ofen auf 200 Grad (Umluft 180 Grad, Gas Stufe 3) schalten. Kartoffeln etwa eine Stunde backen, bis sie weich sind. Quark, Crème fraîche, gewürfelte Tomaten, zerkleinerte Kräuter, Salz und Pfeffer mischen und zu den Kartoffeln servieren. Pro Portion 16 g Eiweiß, 18 g Fett, 42 g Kohlenhydrate, 7 g Ballaststoffe, 433 Kalorien

Bratkartoffeln mit Gemüse

FÜR 2 PORTIONEN

500 g Kartoffeln (vorwiegend festkochende Sorte), 4 Eßl. Öl, 2 Zucchini (etwa 200 g), 2 Lauchzwiebeln, 1 Knoblauchzehe, 2 Eier, Salz, frisch gemahlener schwarzer Pfeffer, Muskat, 1 Bund Petersilie

Kartoffeln schälen, waschen, abtrocknen und in kleine Würfel schneiden. Im heißen Öl bei mittlerer Hitze unter Rühren anbraten, dann zugedeckt bei kleiner Hitze zehn Minuten braten. Zucchini in etwa fingerdicke Stifte, Lauchzwiebeln in kleine Stücke schneiden. Knoblauch hacken. Gemüse und Knoblauch zu den Kartoffeln geben und bei mittlerer Hitze unter häufigem Wenden fünf Minuten mitbraten. Eier mit Salz, Pfeffer und Muskat verquirlen und über die Kartoffeln geben. Bei kleiner Hitze zugedeckt stocken lassen. Mit gehackter Petersilie bestreut servieren. Dazu: gemischter Salat Pro Portion 14 g Eiweiß, 26 g Fett, 43 g Kohlenhydrate, 8 g Ballaststoffe, 480 Kalorien

Kartoffeln mit Essiggurken

FÜR 4 PORTIONEN

1 kg Kartoffeln, 1/8 l Milch,
1 Teel. Instant-Gemüsebrühe, 2 Essiggurken,
1 Eßl. Kapern, 2 Eßl. Weißweinessig,
100 g Crème fraîche,
1 kleines Bund Petersilie,
frisch gemahlener weißer Pfeffer

Kartoffeln schälen, waschen und würfeln. Mit Milch, einem Viertelliter Wasser und Brühe aufkochen und zugedeckt bei kleiner Hitze in etwa 15 Minuten weich garen. Gehackte Gurken, Kapern, Essig, Crème fraîche und gehackte Petersilie untermischen. Mit Pfeffer abschmecken. Dazu: Salat, Spiegelei Pro Portion 7 g Eiweiß, 11 g Fett, 42 g Kohlenhydrate, 4 g Ballaststoffe, 300 Kalorien

Kartoffelgratin mit Tomatensoße

FÜR 4 PORTIONEN

1 kg Kartoffeln,
1 Paket passierte Tomaten (500 g),
1 große Zwiebel, 2 Knoblauchzehen,
2 Teel. getrockneter Oregano,
100 g Crème fraîche, Salz, 1 Prise Zucker,
1 Teel. Peperonicreme (siehe Tip Seite 123),
100 g frisch geriebener Käse

Kartoffeln schälen, waschen, abtrocknen und in dünne Scheiben hobeln. Schuppenförmig in eine ofenfeste Form mit niedrigem Rand geben. Tomaten, gehackte Zwiebel und Knoblauch, Oregano, Crème fraîche, Salz, Zucker und Peperonicreme mischen und über die Kartoffeln geben. Mit Käse bestreuen. Form in den kalten Backofen (mittlere Schiene) stellen. Ofen auf 220 Grad (Umluft 200 Grad, Gas Stufe 4) schalten. Kartoffeln etwa 40 Minuten backen, bis sie weich sind. ◤ Pro Portion 13 g Eiweiß, 18 g Fett, 45 g Kohlenhydrate, 8 g Ballaststoffe, 390 Kalorien

Kartoffeln mit Sellerie und Nüssen

FÜR 2 PORTIONEN

400 g Kartoffeln, 1 Zwiebel, 1 Teel. Öl,
Salz, 400 g Stangensellerie,
100 g Crème fraîche, 2 Eßl. Zitronensaft,
frisch gemahlener weißer Pfeffer,
50 g gehackte Nußkerne

Kartoffeln schälen, waschen und würfeln. Gehackte Zwiebel im Öl glasig braten. Die Kartoffeln, vier Eßlöffel Wasser und Salz zugeben, aufkochen und zugedeckt bei kleiner Hitze zehn Minuten garen. Sellerieblättchen abzupfen und beiseite legen. Stangen in kleine Stücke schneiden. Mit Crème fraîche zu den Kartoffeln geben, aufkochen und fünf Minuten garen. Mit Zitronensaft, Salz und Pfeffer abschmecken. Nüsse und Sellerieblättchen darüberstreuen. ◤ Pro Portion 10 g Eiweiß, 38 g Fett, 38 g Kohlenhydrate, 14 g Ballaststoffe, 540 Kalorien

Polentakuchen (Rezept Seite 74)

4/Reis, Nudeln und Gemüse

Polentakuchen

FÜR 4 PORTIONEN — FOTO SEITE 72/73

1 Zwiebel, 2 Knoblauchzehen,
50 g Butter, 200 g Polenta (Maisgrieß),
1/4 l Gemüsebrühe (siehe Kasten Seite 92),
1/4 l Milch, 50 g Sonnenblumenkerne,
50 g frisch geriebener Parmesankäse, Salz,
frisch gemahlener weißer Pfeffer, Muskat,
10 Salbeiblättchen, Butter für das Blech,
1 Bund Radieschen, 1 Kopf Römersalat,
1 Kopf grüner Salat, 2 Fleischtomaten
(etwa 500 g), 1 gelbe Paprikaschote,
1 Eßl. Senf, 100 g Joghurt (3,5 %),
100 g Crème fraîche, 1 Bund Dill,
frisch gemahlener weißer Pfeffer,
1 Eßl. Zitronensaft, 1 Teel. Olivenöl

Zwiebel und Knoblauch hacken und in einem Teelöffel heißer Butter glasig braten. Polenta zugeben, einige Male durchühren. Brühe und Milch zugießen, aufkochen und zugedeckt bei kleinster Hitze 20 Minuten garen. Sonnenblumenkerne ohne Fettzugabe goldbraun rösten. Mit dem Käse unter den Maisbrei mischen. Mit Salz, Pfeffer und Muskat würzen. Die Hälfte eines Backblechs fetten, Brei auf die gefettetete Hälfte streichen. Restliche Butter in Flöckchen darauf verteilen. Blech in den kalten Backofen (mittlere Schiene) schieben. Ofen auf 180 Grad (Umluft 160 Grad, Gas Stufe 2) schalten. Polentakuchen 25 Minuten backen. Salbeiblättchen darauflegen, Kuchen weitere fünf Minuten backen. Während der Kuchen im Ofen ist, den Salat zubereiten: Radieschen waschen und halbieren. Salat zerpflücken, waschen, trockenschwenken und in mundgerechte Stücke teilen. Tomaten in Stücke schneiden, Paprikaschote würfeln. Alle diese Zutaten in einer Schüssel mischen. Senf, Joghurt, Crème fraîche, gehackten Dill, Salz, Pfeffer, Zitronensaft und Öl verrühren und über den Salat gießen. Locker mischen. Polentakuchen in Rauten schneiden und mit dem Salat anrichten.

Pro Portion 14 g Eiweiß, 32 g Fett, 46 g Kohlenhydrate, 3 g Ballaststoffe, 605 Kalorien

Nudeln in Petersiliensahne

FÜR 2 PORTIONEN

150 g Bandnudeln, Salz,
1 Knoblauchzehe, 200 g Schlagsahne,
75 g frisch geriebener Parmesankäse,
100 g Petersilie,
frisch gemahlener weißer Pfeffer,
1 Eßl. Zitronensaft

Nudeln in reichlich Salzwaser bißfest garen. Inzwischen Knoblauch hacken und mit Sahne und Käse in einen Topf geben. Sahne unter ständigem Rühren bei kleiner Hitze kochen, bis sich der Käse aufgelöst hat. Fein gehackte Petersilie, Salz, Pfeffer und Zitronensaft untermischen. Soße mit den abgetropften Nudeln mischen. ◤ Pro Portion 28 g Eiweiß, 44 g Fett, 60 g Kohlenhydrate, 5 g Ballaststoffe, 740 Kalorien

Nudeln mit Frühlingsgemüse

FÜR 2 PORTIONEN

4 Stangen weißer Spargel,
100 g Zuckerschoten, 1/2 Eßl. Butter,
1 1/2 Eßl. Crème fraîche, Salz,
frisch gemahlener weißer Pfeffer,
150 g Spaghetti

Spargel schälen, waschen und eventuell holzige Enden abschneiden. In Stücke schneiden. Köpfe beiseite legen. Zuckerschoten waschen und putzen. Butter erhitzen. Spargelstücke darin bei mittlerer Hitze unter häufigem Rühren zehn Minuten braten. Spargelköpfe und Zuckerschoten zugeben und weitere fünf Minuten braten. Crème fraîche untermischen, Gemüse mit Salz und Pfeffer würzen. Während das Gemüse gart, Nudeln in reichlich Salzwasser bißfest garen. Abgetropft mit dem Gemüse mischen. ◤ Dazu: frisch geriebener Parmesankäse und Salat ◤ Pro Portion 12 g Eiweiß, 6 g Fett, 65 g Kohlenhydrate, 2 g Ballaststoffe, 360 Kalorien

Hirsepfanne mit Gemüse und Tofu

FÜR 4 PORTIONEN — FOTO

1 Zwiebel, 4 Eßl. Öl, 300 g Hirse,
1/2 l Gemüsebrühe (siehe Kasten Seite 92),
2 Eßl. Zitronensaft, 250 g Möhren,
400 g Salatgurke, 200 g Tofu, Salz,
frisch gemahlener weißer Pfeffer,
1 Bund Dill, 300 g Sahnejoghurt

Zwiebel hacken und in einem Eßlöffel heißem Öl glasig braten. Hirse zugeben und unter Rühren bei mittlerer Hitze etwa eine Minute mitbraten. Brühe und Zitronensaft zugeben, aufkochen und zugedeckt bei kleiner Hitze 20 Minuten garen. Möhren schälen und in Scheiben schneiden. Geschälte Gurke längs halbieren, Kerne herauskratzen. Gurke und Tofu würfeln. Restliches Öl erhitzen. Möhren, Gurke und Tofu darin bei mittlerer Hitze etwa zehn Minuten braten. Unter die Hirse mischen, mit Salz und Pfeffer abschmecken. Den gehackten Dill mit Joghurt verrühren und zur Hirse servieren. ◤ Pro Portion 15 g Eiweiß, 23 g Fett, 63 g Kohlenhydrate, 6 g Ballaststoffe, 530 Kalorien

Nudeln mit roten Bohnen

FÜR 3 PORTIONEN

250 g Hörnchennudeln,
Salz, 1 Zwiebel,
2 Eßl. Öl, 1 Dose rote Bohnen
(Füllmenge 400 g),
2 Eßl. Tomatenmark,
1 Teel. getrockneter Oregano,
100 g Crème fraîche,
1-2 Teel. Peperonicreme
(siehe Tip Seite 123)

Nudeln in Salzwasser al dente (bißfest) kochen. Gehackte Zwiebel im Öl glasig braten. Abgetropfte Bohnen, Tomatenmark, Oregano und Crème fraîche zugeben und bei großer Hitze unter Rühren schmoren, bis das Bohnengemüse dickflüssig ist. Mit Salz und Peperonicreme würzen und mit den abgetropften Nudeln mischen. ◤ Pro Portion 38 g Eiweiß, 24 g Fett, 114 g Kohlenhydrate, 26 g Ballaststoffe, 828 Kalorien

Safranreis

FÜR 4 PORTIONEN

250 g Langkornreis,
Salz, 70 g Butter,
1 Teel. Safranfäden,
1 Eßl. gehackte Petersilie

Reis mit einem halben Liter Wasser und Salz aufkochen und zugedeckt bei kleinster Hitze in etwa 20 Minuten körnig weich garen. Inzwischen Butter zerlassen, aber nicht bräunen. Safran zwischen den Fingern zerreiben und in der Butter etwa zehn Minuten ziehen lassen. Safranbutter mit einer Gabel unter den Reis ziehen. Mit Petersilie bestreut servieren. ◤ Dazu: Weißkohl mit Nüssen (Rezept Seite 21) oder Tomaten mit Zwiebeln (Rezept Seite 28) und Joghurt ◤ Pro Portion 4 g Eiweiß, 15 g Fett, 5 g Kohlenhydrate, 1 g Ballaststoffe, 350 Kalorien

Weizengrütze mit Petersilie

FÜR 3 PORTIONEN

200 g Weizengrütze (siehe Tip Seite 90),
Salz, 1 großes Bund Petersilie,
200 g saure Sahne,
frisch gemahlener schwarzer Pfeffer

Grütze in 400 Kubikzentimeter Wasser über Nacht quellen lassen. Salz zugeben, aufkochen und zehn Minuten garen. Fein gehackte Petersilie und saure Sahne untermischen. Grütze erhitzen, aber nicht mehr aufkochen. Mit Pfeffer abschmecken. ◤ Zu Bohnen mit Kokos (Rezept Seite 28) oder Kürbisgemüse (Rezept Seite 27) ◤ Pro Portion 9 g Eiweiß, 8 g Fett, 48 g Kohlenhydrate, 6 g Ballaststoffe, 285 Kalorien

Tomatenreis mit Nüssen

FÜR 2 PORTIONEN

200 g Langkornreis, Salz,
2 Tomaten (etwa 200 g),
1 kleines Bund Petersilie,
40 g gehackte Nußkerne

Reis mit knapp 400 Kubikzentimeter Wasser und Salz aufkochen und zugedeckt bei kleinster Hitze in etwa 20 Minuten körnig weich garen. Inzwischen abgezogene Tomaten und Petersilie hacken. Unter den gegarten Reis mischen. Nüsse darüberstreuen. ◤ Zu Knoblauchporree mit Joghurtsoße (Rezept Seite 22) oder geschmorten Austernpilzen (Rezept Seite 20) ◤ Pro Portion 10 g Eiweiß, 13 g Fett, 85 g Kohlenhydrate, 4 g Ballaststoffe, 500 Kalorien

Grießklöße

FÜR 4 PORTIONEN

1 kleine Zwiebel, 1/2 Bund Petersilie,
100 g Butter, 100 g frisch geriebener Käse,
2 Eier, Salz, Muskat, Cayennepfeffer,
250 g Weizenvollkorngrieß

Zwiebel und Petersilie fein hacken. Butter mit Käse schaumig rühren. Nacheinander Eier, Zwiebel, Petersilie, Gewürze und zum Schluß den Grieß untermischen. Teig 30 Minuten ruhenlassen. Mit angefeuchteten Händen acht Klöße formen. Klöße in sprudelnd kochendes Salzwasser geben und im offenen Topf bei kleiner Hitze 20 Minuten garen. ◤ Dazu: Sauerkraut, Grünkohl- oder Kohlrabigemüse mit Sahne (Rezepte Seite 27 und 31) ◤ Pro Portion 17 g Eiweiß, 32 g Fett, 45 g Kohlenhydrate, 7 g Ballaststoffe, 530 Kalorien

Kräuterpfannkuchen mit Paprikafüllung

FÜR 3 PORTIONEN — FOTO

100 ccm Milch,
150 g Weizenmehl (Type 1050),
1 Prise Salz, 3 Eier, 50 g Butter,
1 Bund Petersilie,
einige Thymian- und Salbeiblättchen,
etwa 6 Eßl. Öl,
2 rote Paprikaschoten (etwa 400 g),
100 g Schafkäse,
2 Zweige Minze (ersatzweise Petersilie)

Milch, 300 Kubikzentimeter Wasser und Salz in eine Schüssel geben. Mehl darübersieben und mit einem Schneebesen untermischen. Eier, zerlassene, lauwarme Butter und fein zerkleinerte Kräuter kräftig unterrühren. Eine kleine Pfanne von 15 Zentimeter Durchmesser erhitzen, bis ein Wassertropfen, den Sie hineinspritzen, zischend verdampft. Einen Teelöffel Öl und eine knappe Schöpfkelle Teig in der Pfanne verteilen und zugedeckt bei mittlerer bis kleiner Hitze backen, bis der Pfannkuchen an der Oberseite fest und an den Rändern leicht gebräunt ist. Wenden und in der offenen Pfanne fertig backen. Restliche Eierkuchen ebenso backen, dabei das Öl bis auf einen Eßlöffel verwenden. Eierkuchen im Backofen warm halten. Paprikaschoten putzen, würfeln und bei mittlerer Hitze unter ständigem Wenden im restlichen Öl etwa drei Minuten braten. Schafkäse zerbröckeln und mit gehackter Minze vermischen. Pfannkuchen jeweils mit etwas Paprikagemüse und Schafkäse füllen. Heiß servieren. ◤ Dazu: Tomatensalat ◤ Pro Portion 21 g Eiweiß, 48 g Fett, 46 g Kohlenhydrate, 5 g Ballaststoffe, 685 Kalorien

Weizen mit Zwiebeln

FÜR 4 PORTIONEN

200 g Weizenkörner,
1 Eßl. Instant-Gemüsebrühe,
500 g Lauchzwiebeln,
1 kleine rote Pfefferschote,
1 Fleischtomate (etwa 250 g),
100 g Crème fraîche, Salz,
frisch gemahlener weißer Pfeffer,
1 Päckchen gemischte
Tiefkühl-Kräuter

Weizen in 400 Kubikzentimeter Wasser über Nacht quellen lassen. Mit der Instant-Brühe aufkochen und zugedeckt bei kleiner Hitze eine Stunde garen. Inzwischen Zwiebeln putzen und in fingerbreite Stücke schneiden. Pfefferschote halbieren, von allen Kernen befreien und fein zerkleinern. Tomate abziehen und würfeln. Alle diese Zutaten und die Crème fraîche zum gegarten Weizen geben und unter ständigem Rühren bei großer Hitze etwa fünf Minuten schmoren, damit die Flüssigkeit einkocht. Mit Salz und Pfeffer abschmekken, Kräuter untermischen. ◤ Dazu: Salat ◤ Pro Portion 9 g Eiweiß, 11 g Fett, 41 g Kohlenhydrate, 8 g Ballaststoffe, 310 Kalorien

Brote mit Tomatenmus

FÜR 4 PORTIONEN

400 g Tomaten, 1 Knoblauchzehe,
1 Handvoll frische Kräuter wie Salbei,
Thymian, Oregano und Petersilie,
2 Eßl. frisch geriebener Käse (etwa 40 g),
3 Eßl. Olivenöl, Salz,
frisch gemahlener schwarzer Pfeffer,
4 Scheiben Weizenmischbrot
(etwa 200 g)

Tomaten mit Knoblauch und Kräutern pürieren. Käse, Öl, Salz und Pfeffer untermischen. Brote damit bestreichen. ◤ Pro Portion 8 g Eiweiß, 13 g Fett, 27 g Kohlenhydrate, 3 g Ballaststoffe, 255 Kalorien

Brotsuppe mit Schnittlauch

FÜR 4 PORTIONEN

100 g Brot, 1 Zwiebel, 2 Eßl. Öl,
1 Eßl. Instant-Gemüsebrühe,
1 Ei, 3 Eßl. Milch, Salz,
frisch gemahlener weißer Pfeffer,
2 Tomaten,
1 großes Bund Schnittlauch

Brot zerkrümeln, abgezogene Zwiebel fein hacken. Beide Zutaten unter ständigem Rühren im heißen Öl anbraten. Einen Liter Wasser und Brühe zugeben, aufkochen und zugedeckt bei kleiner Hitze fünf Minuten kochen. Ei mit Milch verquirlen und in die Suppe rühren. Suppe mit Salz und Pfeffer würzen. Tomaten würfeln, Schnittlauch fein zerkleinern. Beides unter die Suppe mischen. ◤ Pro Portion 5 g Eiweiß, 7 g Fett, 15 g Kohlenhydrate, 2 g Ballaststoffe, 150 Kalorien

Bulgursuppe mit Porree und Erbsen

FÜR 4 PORTIONEN

300 g Porree, 1 Knoblauchzehe,
1/2 Eßl. Öl, 100 g Bulgur,
1 l Gemüsebrühe (siehe Kasten Seite 92),
1/2 Paket Tiefkühl-Erbsen (150 g),
100 g Schlagsahne,
2 Eßl. Zitronensaft, Salz,
frisch gemahlener schwarzer Pfeffer,
1 Bund Petersilie

Porree putzen, waschen und in feine Ringe schneiden. Knoblauch hacken. Öl erhitzen. Einen Eßlöffel Porreeringe, Knoblauch und Bulgur darin anbraten. Brühe zugießen, aufkochen und zugedeckt bei kleiner Hitze 15 Minuten garen. Den restlichen Porree und die Erbsen zugeben, aufkochen und weitere fünf Minuten garen. Sahne und Zitronensaft untermischen. Suppe mit Salz und Pfeffer abschmecken und mit gehackter Petersilie bestreut anrichten. ◤ Pro Portion 7 g Eiweiß, 10 g Fett, 26 g Kohlenhydrate, 6 g Ballaststoffe, 160 Kalorien

Gemüserisotto

FÜR 4 PORTIONEN — FOTO

1 Bund Lauchzwiebeln,
200 g Champignons,
300 g Avorio-Reis (siehe TIP),
3 Blättchen Salbei, 1 Eßl. Olivenöl,
1 l Gemüsebrühe (siehe Kasten Seite 92),
250 g Tomaten,
1 Paket Tiefkühl-Erbsen (300 g),
2 Eßl. Zitronensaft,
50 g frisch geriebener Parmesankäse,
30 g Butter, Salz,
frisch gemahlener weißer Pfeffer

Zwiebeln putzen und in dünne Ringe schneiden. Champignons in Scheiben schneiden. Beide Zutaten, Reis und zerkleinerten Salbei im heißen Öl unter ständigem Wenden bei mittlerer Hitze anbraten. Etwa Dreiviertel der Brühe zugießen, aufkochen und den Risotto zugedeckt bei kleiner Hitze 20 Minuten garen. Inzwischen Tomaten abziehen und würfeln. Mit den Erbsen unter den Risotto mischen. Restliche Brühe nach und nach zugießen. Risotto bei kleiner bis mittlerer Hitze unter häufigem Rühren weitere fünf Minuten garen. Zitronensaft, Käse und Butter untermischen. Mit Salz und Pfeffer abschmecken. Pro Portion 16 g Eiweiß, 13 g Fett, 72 g Kohlenhydrate, 6 g Ballaststoffe, 480 Kalorien

TIP: Avorio-Reis, den typischen italienischen Risotto-Reis, bekommen Sie in italienischen Lebensmittelgeschäften und Reformhäusern.

DIE MIKROWELLE NUTZEN

- zum Wärmen von Reis, Nudeln, Couscous, Bulgur und Hirse: mit ein paar Tropfen Wasser oder Öl mischen und zudecken. Zwei Portionen brauchen bei 600 Watt etwa drei Minuten;
- zum Garen von Klößchen (zum Beispiel Butterklößchen, Seite 17, oder Nußklößchen, Seite 110): die Klößchen nebeneinander auf einen Teller legen, mit ein paar Tropfen Wasser beträufeln und mit Klarsichtfolie abdecken. Folie mit einer Gabel einige Male einstechen. Drei Portionen Klößchen brauchen bei 600 Watt etwa vier Minuten.

Pfannkuchentorte

FÜR 4 PORTIONEN

200 g Weizenvollkornmehl, Salz,
4 Eier, etwa 4 Eßlöffel Öl,
1 große Zwiebel, 30 g Butter,
2 Pakete Tiefkühl-Blattspinat (600 g),
150 g Schlagsahne, Muskat,
frisch gemahlener weißer Pfeffer,
1 Eßl. Zitronensaft,
2 Eßl. Mehl, 1/4 l Milch,
1 Teel. Instant-Gemüsebrühe

Für die Pfannkuchen Mehl mit Salz, Eiern und einem halben Liter Wasser verrühren. Zugedeckt 15 Minuten quellen lassen. Einen Eßlöffel Öl in einer Pfanne erhitzen. Eine Schöpfkelle Teig zugeben. Zugedeckt bei mittlerer Hitze backen, bis die Oberfläche des Eierkuchens gestockt ist und die Ränder braun sind. Wenden und auf der zweiten Seite ohne Deckel backen. Aus dem Teig insgesamt etwa zwölf Eierkuchen backen. Für die Füllung Zwiebel fein hacken und bei kleiner Hitze in der Butter glasig braten. Spinat zugeben und zugedeckt bei kleiner Hitze auftauen lassen, dann vorsichtig herausnehmen: Die Flüssigkeit, die sich beim Auftauen bildet, soll im Topf bleiben. Sahne in den Topf gießen und bei mittlerer bis großer Hitze unter ständigem Rühren zu einer Creme einkochen. Spinat untermischen, mit Salz, Muskat, Pfeffer und Zitronensaft würzen. Backofen auf 200 Grad (Umluft 180 Grad, Gas Stufe 3) vorheizen. Für die Soße Mehl in einem Topf unter Rühren anrösten, bis es zart duftet. Einen Viertelliter Wasser und Milch zugießen und unter Rühren aufkochen, bis die Soße glatt ist. Brühe zugeben, Soße mit Salz, Pfeffer und Muskat abschmecken. Einen Pfannkuchen auf eine ofenfeste Platte legen, mit Spinat und etwas Soße bestreichen. Pfannkuchen wie eine Torte aufschichten und jeweils mit Spinat und Soße füllen. Rest der Soße über die Pfannkuchentorte gießen. Platte in den Backofen (untere Schiene) stellen. Torte 20 Minuten backen. Pro Portion 19 g Eiweiß, 38 g Fett, 36 g Kohlenhydrate, 9 g Ballaststoffe, 570 Kalorien

TIP: Schmeckt auch mit fein zerkleinertem Grünkohl oder Wirsing.

Geschmorter Grünkern mit Kokosmilch

FÜR 4 PORTIONEN

200 g Grünkernkörner, Salz,
1 kleine rote Pfefferschote,
1 Paket Tiefkühl-Erbsen (300 g),
1 kleine Zwiebel, 1 Knoblauchzehe,
250 g Spinat, 1 Eßl. Öl, 1 Teel. Butter,
1 Dose Kokosmilch (165 ml; siehe Kasten Seite 16), 1 Eßl. Currypulver

Grünkern in 400 Kubikzentimeter Wasser über Nacht quellen lassen. Salz und entkernte Pfefferschote zugeben, aufkochen und zugedeckt bei kleiner Hitze 40 Minuten garen. Pfefferschote entfernen, Erbsen zugeben, erneut aufkochen und weitere fünf Minuten garen. Während der Grünkern kocht, Zwiebel und Knoblauch fein hacken. Spinat verlesen, waschen und grob hacken. Öl und Butter erhitzen, Zwiebel und Knoblauch darin glasig braten. Spinat zugeben und bei mittlerer Hitze unter Rühren schmoren, bis er intensiv grün ist. Kokosmilch, Grünkern und Curry zugeben und einmal aufkochen. Mit Salz abschmecken. ◤ Pro Portion 12 g Eiweiß, 6 g Fett, 41 g Kohlenhydrate, 9 g Ballaststoffe, 270 Kalorien

Kräuterreis

FÜR 3 PORTIONEN

250 g Parboiled-Reis, Salz,
40 g gemischte Kräuter wie Petersilie, Minze, Kerbel, Pimpinelle und Schnittlauch (ersatzweise 1 1/2 Päckchen gemischte Tiefkühl-Kräuter),
50 g Crème fraîche,
1 Eßl. Butter

Reis mit einem halben Liter Wasser und Salz aufkochen und zugedeckt bei kleinster Hitze in etwa 20 Minuten ausquellen lassen. Gehackte Kräuter, Crème fraîche und Butter untermischen. ◤ Dazu: Sojasprossen mit Porree (Rezept Seite 102) ◤ Pro Portion 6 g Eiweiß, 11 g Fett, 66 g Kohlenhydrate, 2 g Ballaststoffe, 395 Kalorien

Spaghetti mit Gemüse

FÜR 3 PORTIONEN — FOTO

200 g Möhren, 250 g Lauchzwiebeln,
100 g Champignons, 250 g Spaghetti,
Salz, 1 Knoblauchzehe,
1 Bund Schnitttauch,
2 Eßl. Olivenöl, 1 Eßl. Butter,
frisch gemahlener weißer Pfeffer,
75 g Parmesankäse

Möhren schälen, waschen und in dünne Stifte schneiden, geputzte Zwiebeln in dünne Ringe, Champignons in Scheiben schneiden. Spaghetti in reichlich Salzwasser fünf Minuten sprudelnd kochen lassen. Das Gemüse dazugeben und eine Minute mitkochen. Alles abgießen (siehe Kasten Seite 92). Ganz heiß mit zerdrücktem Knoblauch, Schnittlauchröllchen, Öl, Butter und Pfeffer mischen. Auf heißen Tellern anrichten, mit dem gehobelten oder geriebenen Käse bestreut sofort servieren. Dazu: gemischter Salat Pro Portion 23 g Eiweiß, 20 g Fett, 64 g Kohlenhydrate, 6 g Ballaststoffe, 545 Kalorien

ZUCHTPILZE können Sie unbesorgt essen, denn sie sind weder durch Strahlen noch durch Schwermetalle belastet. Außer weißen und rosa Champignons (Egerlinge) gibt es Austernpilze und Shiitakepilze. Wirklich frische Austernpilze erkennen Sie am festen, saftigen, seidig-grauen Fleisch, frische Shiitake an den gewölbten Hüten und am intensiven Pilzgeruch. Runzelige Pilze lassen Sie besser liegen. Beide Sorten brauchen Sie nicht zu waschen, weil sie auf Strohballen beziehungsweise Holzstämmen wachsen.

Couscous mit Zucchini und Pilzen

FÜR 4 PORTIONEN

300 g Couscous (siehe TIP), Salz,
1 Teel. Butter, 500 g kleine Zucchini,
500 g gemischte Pilze wie Shiitake,
Austernpilze und kleine Champignons,
1 große Zwiebel, 2 Zweige Rosmarin,
400 g Tomaten, 2 Eßl. Öl,
frisch gemahlener weißer Pfeffer,
200 g saure Sahne,
1 Bund Schnittlauch

Couscous in eine Schüssel geben. 450 Kubikzentimeter Wasser dazugießen. Zugedeckt 45 Minuten quellen lassen. Couscous mit einer Gabel durchrühren, bis es wieder körnig ist; dabei salzen. Den Boden eines hohen Topfes gerade eben mit Wasser bedecken. Butter darin erhitzen, bis sie aufschäumt. Couscous so in den Topf schütten, daß es den Boden bedeckt und wie eine Pyramide aufgeschichtet ist. Topfdeckel mit einem Küchentuch umwickeln, fest auf den Topf drücken und eventuell beschweren, damit der Topf dicht schließt. Couscous bei kleiner Hitze eine Stunde dämpfen. Inzwischen Zucchini waschen, putzen und in dünne Stifte schneiden. Pilze putzen und zerkleinern. Zwiebel und abgezupfte Rosmarinblättchen hacken. Tomaten abziehen und würfeln. Öl erhitzen, Zucchini, Pilze, Zwiebeln und Rosmarin darin bei mittlerer bis starker Hitze unter ständigem Rühren etwa fünf Minuten rösten. Tomaten untermischen und erhitzen. Mit Salz und Pfeffer abschmecken. Sahne mit Schnittlauchröllchen vermischen. Couscous auf heißen Tellern verteilen. Gemüse daneben anrichten und auf jede Portion einen Klecks Schnittlauchsahne setzen. Restliche Sahne dazu servieren.

Pro Portion 12 g Eiweiß, 14 g Fett, 36 g Kohlenhydrate, 7 g Ballaststoffe, 320 Kalorien

TIP: Couscous ist – wie Bulgur und Weizengrütze – zerkleinerter Weizen und deshalb schneller gar und leichter verdaulich als ganze Körner. Zu kaufen: in Grünen Läden und Reformhäusern.

Eierkuchen mit Tomaten und Käse

FÜR 2 PORTIONEN

100 g Mehl, Salz, 2 Eier, 400 g Tomaten,
2 kleine Zwiebeln, 1 Bund Petersilie,
100 g frisch geriebener mittelalter
Goudakäse, etwa 3 Eßl. Öl,
frisch gemahlener schwarzer Pfeffer

Mehl mit Salz, Eiern und einem Viertelliter Wasser verrühren. Zugedeckt 15 Minuten quellen lassen. Inzwischen Tomaten in Scheiben, Zwiebeln in dünne Ringe schneiden. Petersilie fein hacken und mit dem Käse vermischen. Öl in einer Pfanne erhitzen. Eine Schöpfkelle Teig zugeben, mit Tomaten und Zwiebeln belegen, salzen und pfeffern. Zugedeckt bei mittlerer Hitze backen, bis die Oberfläche des Eierkuchens gestockt und die Ränder braun sind. Wenden und auf der zweiten Seite etwa eine Minute backen. Die restlichen Eierkuchen ebenso backen. Heiß mit der Käsemischung bestreut servieren. ◤ Pro Portion 28 g Eiweiß, 37 g Fett, 46 g Kohlenhydrate, 5 g Ballaststoffe, 625 Kalorien

Schnelle Tomatenpizza

FÜR 1-2 PORTIONEN

1 Vollkorn-Pizzaboden
(etwa 150 g; siehe TIP),
250 g Tomaten,
75 g junger Gouda- oder Fontina-Käse,
1 Teel. getrockneter Thymian, Salz,
frisch gemahlener schwarzer Pfeffer,
1 Teel. Olivenöl

Pizzaboden mit Tomatenscheiben und geriebenem oder gewürfeltem Käse belegen. Thymian, Salz und Pfeffer darüberstreuen. Pizza mit Öl beträufeln und auf dem Rost in den kalten Backofen (mittlere Schiene) schieben. Ofen auf 200 Grad (Umluft 160 Grad, Gas Stufe 3) schalten. Pizza etwa 30 Minuten backen, bis der Käse zerlaufen und leicht gebräunt ist. ◤ Pro Portion 16 g Eiweiß, 19 g Fett, 37 g Kohlenhydrate, 8 g Ballaststoffe, 380 Kalorien

TIP: Vakuumverpackten Vollkorn-Pizzaboden, der sich ohne Kühlung etwa zwei Monate hält, bekommen Sie in Reformhäusern und Grünen Läden.

Nudeln mit Bohnen und Kartoffeln

FÜR 4 PORTIONEN — FOTO

1 kleine Zwiebel, 2 Knoblauchzehen,
1/2 unbehandelte Zitrone,
je 1 kleines Bund Petersilie und Basilikum,
75 g Parmesankäse, 40 g Pinienkerne,
6 Eßl. Olivenöl, 300 g kleine Kartoffeln
(festkochende Sorte), Salz,
300 g grüne Bohnen, 200 g breite Nudeln,
frisch gemahlener schwarzer Pfeffer

Zwiebel und Knoblauch abziehen und achteln. Ein etwa drei Zentimeter langes Stück Zitronenschale dünn abschneiden. Zwiebel, Knoblauch, Zitronenschale und ausgepreßten Saft, gewaschene Kräuter, zerbröckelten Käse und etwa zwei Drittel der Pinienkerne im Blitzhacker pürieren. Fünf Eßlöffel Öl daruntermischen. Restliche Pinienkerne im Rest des Öls goldgelb rösten. Kartoffeln schälen, waschen und achteln. Mit vier Eßlöffel Wasser und Salz in etwa 20 Minuten weich kochen. Bohnen putzen, halbieren und in reichlich Salzwasser zehn Minuten sprudelnd kochen. Nudeln zugeben und in weiteren fünf bis sieben Minuten al dente (bißfest) kochen. Abgießen (siehe Kasten) und mit der Kräuterpaste in eine Schüssel geben. Kartoffeln (nicht abgetropft) zugeben und alles vermischen. Mit Pfeffer würzen und mit den gerösteten Pinienkernen bestreut sofort servieren. ◤ Pro Portion 18 g Eiweiß, 28 g Fett, 52 g Kohlenhydrate, 6 g Ballaststoffe, 530 Kalorien

GEMÜSEBRÜHE ist bei vielen Rezepten notwendig. Sie fällt beim Kochen quasi von selbst an: Nudeln muß man in viel Wasser kochen. Und einige Gemüsesorten wie grüne Bohnen, Spargel und Blumenkohl garen in reichlich Wasser gleichmäßiger und schmecken deshalb auch besser. Das Kochwasser, das dabei übrig bleibt, enthält gelöste Nährstoffe. Mit Instant-Brühe gewürzt, können Sie es immer dann verwenden, wenn im Rezept Gemüsebrühe als Flüssigkeit angegeben ist. (Zum Aufbewahren entweder portionsweise einfrieren oder verschlossen in den Kühlschrank stellen. Dort hält sich die Brühe etwa zwei Tage.)
Wenn im Rezept von Instant-Gemüsebrühe die Rede ist, nehmen Sie Fertigbrühe aus Würfeln oder in Gläsern, die Sie in Reformhäusern und Grünen Läden bekommen.

Nudeln mit Morcheln

FÜR 6 PORTIONEN

400 g Weizenvollkornmehl,
400 g Weizenmehl Type 1050, Salz,
7 Eier, 5 Eßl. Öl,
2 Päckchen getrocknete Spitzmorcheln (40 g),
1/8 l Milch, Mehl für die Arbeitsfläche,
75 g Butter, 1/8 l Gemüsebrühe (siehe Kasten Seite 92), 200 g Crème fraîche, 1/2 Zitrone,
frisch gemahlener schwarzer Pfeffer,
einige Thymian- oder Petersilienblättchen

Für den Nudelteig die beiden Mehlsorten mit Salz, Eiern, vier Eßlöffel Öl und vier bis fünf Eßlöffel Wasser zu einem weichen Teig verkneten, den man gut ausrollen kann, der aber nicht an den Händen klebt. In Pergamentpapier wickeln und bei Zimmertemperatur eine Stunde ruhenlassen. Morcheln in Milch und einem Achtelliter Wasser einweichen, bis die Nudeln fertig zum Garen sind. Nudelteig in Portionen teilen. Jede Portion auf Mehl zu einer millimeterdünnen Platte ausrollen oder durch die Nudelmaschine drehen. Teigplatten zehn Minuten ruhenlassen und zu beliebigen Nudeln schneiden. Nudeln eine Stunde trocknen lassen. Morcheln abgießen und kalt abspülen. Einweichflüssigkeit durch eine Kaffeefiltertüte gießen, um Erdreste aufzufangen, die sich aus den Pilzhüten gelöst haben. Restliches Öl und etwa zwei Drittel der Butter erhitzen. Morcheln darin bei mittlerer Hitze unter Rühren zwei Minuten braten. Einweichflüssigkeit, Gemüsebrühe und Crème fraîche nach und nach zugießen. Bei großer bis mittlerer Hitze rühren, bis die Soße cremig und auf etwa die Hälfte eingekocht ist. Mit Zitronensaft, Salz und Pfeffer abschmecken und warm halten. Nudeln in reichlich sprudelnd kochendem Salzwasser aufkochen und in ein bis zwei Minuten al dente (bißfest) garen. Abgetropft mit restlicher Butter, Morcheln und Kräuterblättchen vermischen.

Pro Portion 25 g Eiweiß, 43 g Fett, 88 g Kohlenhydrate, 11 g Ballaststoffe, 835 Kalorien

Tortellini mit Gemüse

FÜR 2 PORTIONEN

2 Zucchini (etwa 150 g),
100 g Austernpilze,
2 Tomaten (etwa 250 g),
1 Eßl. Butter, Salz,
frisch gemahlener weißer Pfeffer,
1 Eßl. Crème fraîche,
1 Bund Schnittlauch,
250 g Tortellini (fertig gekauft)

Zucchini waschen, putzen und in Stifte schneiden, Pilze in Streifen schneiden. Tomaten abziehen und ebenfalls würfeln. Butter erhitzen, Zucchini und Pilze darin bei mittlerer Hitze unter häufigem Wenden etwa fünf Minuten rösten. Tomaten zugeben und zugedeckt etwa drei Minuten schmoren. Mit Salz und Pfeffer abschmecken, mit Crème fraîche und Schnittlauchröllchen mischen. Während das Gemüse gart, Tortellini in reichlich Salzwasser al dente (bißfest) garen. Abgetropft mit dem Gemüse vermischen. ◤ Pro Portion 22 g Eiweiß, 37 g Fett, 86 g Kohlenhydrate, 4 g Ballaststoffe, 770 Kalorien

Dinkelbällchen mit Quark

FÜR 4 PORTIONEN

1 kleine Zwiebel,
1 Handvoll Salbeiblättchen,
500 g Magerquark,
150 g fein gemahlener Dinkel,
1 Ei, Salz, Muskat,
Cayennepfeffer, etwa 3 Eßl. Öl

Zwiebel und Salbei fein hacken. Mit Quark, Dinkel und Ei vermischen. Teig mit Salz, Muskat und Cayennepfeffer kräftig abschmecken und mit nassen Händen zu etwa tischtennisballgroßen Kugeln formen. Öl bei mittlerer bis kleiner Hitze heiß werden lassen. Die Dinkelbällchen in zwei Portionen hineingeben, flachdrücken und bei kleiner Hitze pro Seite etwa zehn Minuten backen. ◤ Dazu: beliebiges Gemüse oder Salat ◤ Pro Portion 23 g Eiweiß, 10 g Fett, 29 g Kohlenhydrate, 4 g Ballaststoffe, 305 Kalorien

Dicke Bohnen mit Gemüse
(Rezept Seite 98)

5/ Hülsenfrüchte und Soja

Dicke Bohnen mit Gemüse

FÜR 4 PORTIONEN — FOTO SEITE 96/97

500 g Tomaten,
1 Aubergine (etwa 250 g),
400 g grüne Bohnen, 2 Zwiebeln,
1 Bund Bohnenkraut,
3 Knoblauchzehen, 4 Eßl. Öl,
1 Paket Tiefkühl-Dicke Bohnen (300 g),
1 Dose Tomatenmark (70 g),
1/2 l Gemüsebrühe (siehe Kasten Seite 92),
2 Lorbeerblätter, 3 Gewürznelken,
Salz, frisch gemahlener weißer Pfeffer,
1 Prise Zucker

Abgezogene Tomaten halbieren. Aubergine würfeln, grüne Bohnen putzen, abgezogene Zwiebeln achteln, Bohnenkrautblättchen abzupfen und beiseite legen, Stiele fein hacken. Knoblauch hacken. Öl erhitzen. Tomaten, Auberginen, Bohnen und Zwiebeln darin bei großer Hitze unter ständigem Rühren etwa drei Minuten schmoren. Gehackte Bohnenkrautstiele, Knoblauch, Dicke Bohnen und Tomatenmark untermischen. Brühe zugießen, Lorbeerblätter und Nelken zugeben. Aufkochen und zugedeckt bei kleiner Hitze etwa 20 Minuten garen. Mit Salz, einer kräftigen Prise Pfeffer und dem Zucker abschmecken. Mit Bohnenkrautblättchen bestreut servieren. ◤ Dazu: Pellkartoffeln, Reis oder Brot ◤ Pro Portion 21 g Eiweiß, 12 g Fett, 51 g Kohlenhydrate, 20 g Ballaststoffe, 400 Kalorien

KOHLENHYDRATE UND BALLASTSTOFFE MACHEN NICHT DICK
Denn Kohlenhydrate aus Gemüse, Kartoffeln, Getreide, Vollkornbrot und Hülsenfrüchten muß der Körper erst "zerlegen", bevor er die Energie, die sie liefern, nutzen kann. Deshalb machen Mahlzeiten mit solchen Lebensmitteln länger satt. Ballaststoffe können wir überhaupt nicht verdauen, weil uns dafür bestimmte Enzyme fehlen. Ballaststoffreiche Lebensmittel wie zum Beispiel Vollkornbrot, Hülsenfrüchte oder Kohl sind wichtig für unsere Verdauung. Sie liefern aber weniger Energie (Kalorien) als Fleisch, das überhaupt keine Ballaststoffe enthält.

Linsensuppe mit Kräutern

FÜR 4 PORTIONEN

100 g Linsen,
1 l Gemüsebrühe (siehe Kasten Seite 92),
3 Eßl. Zitronensaft,
3 Lauchzwiebeln,
1 Knoblauchzehe,
100 g Schlagsahne,
1 Päckchen gemischte Tiefkühl-Kräuter,
Salz, Cayennepfeffer

Linsen mit Brühe und Zitronensaft aufkochen und zugedeckt bei kleiner Hitze in 45 bis 60 Minuten weich garen. Zwiebeln putzen und in dünne Ringe schneiden. Knoblauch hacken. Beide Zutaten in der Suppe zwei Minuten kochen. Sahne und Kräuter untermischen. Mit Salz und Cayennepfeffer abschmecken. ◤ Pro Portion 7 g Eiweiß, 8 g Fett, 18 g Kohlenhydrate, 4 g Ballaststoffe, 185 Kalorien

Bohnenauflauf

FÜR 4 PORTIONEN

1 Dose Große weiße Bohnen (Füllmenge 400 g),
1 kleine rote Pfefferschote,
2 Zweige Bohnenkraut,
1 Zwiebel, 1 Knoblauchzehe,
50 g Nußkerne,
1/2 Teel. Kümmel, 4 Eier,
50 g saure Sahne,
50 g frisch geriebener Käse,
2 Eßl. Zitronensaft,
Salz, 1 Eßl. Butter

Abgetropfte Bohnen mit entkernter Pfefferschote, Bohnenkraut, Zwiebel, Knoblauch, Nüssen und Kümmel im Blitzhacker pürieren. Eier, Sahne, Käse und Zitronensaft untermischen. Mit Salz würzen. In einer Auflaufform glattstreichen. Butterflöckchen darauflegen. In den kalten Backofen (untere Schiene) stellen. Ofen auf 180 Grad (Umluft 160 Grad, Gas Stufe 2) schalten. Auflauf etwa 45 Minuten backen. ◤ Dazu: Salat ◤ Pro Portion 38 g Eiweiß, 24 g Fett, 51 g Kohlenhydrate, 20 g Ballaststoffe, 550 Kalorien

Bohnenkroketten

FÜR 6 PORTIONEN — FOTO

2 Dosen Große weiße Bohnen
(Füllmenge 800 g),
je 1 Bund Petersilie und Bohnenkraut,
1 Knoblauchzehe, 1 Ei,
150 g Paniermehl,
1 Eßl. Zitronensaft, Salz,
Cayennepfeffer, Fett zum Fritieren,
Petersilie zum Garnieren

Abgetropfte Bohnen, Kräuter und Knoblauch im Blitzhacker pürieren. Ei, 50 Gramm Paniermehl, Zitronensaft, Salz und Pfeffer untermischen. Mit angefeuchteten Händen Kroketten formen, im restlichen Paniermehl wenden und im heißen Fett schwimmend ausbacken. Abtropfen lassen und heiß mit Petersilienblättchen anrichten. ◤ Dazu: Salat ◤ Pro Portion 35 g Eiweiß, 6 g Fett, 82 g Kohlenhydrate, 26 g Ballaststoffe, 520 Kalorien

Linsengemüse mit Pilzen

FÜR 4 PORTIONEN

200 g Linsen,
1 Teel. Instant-Gemüsebrühe,
250 g Möhren, 200 g Austernpilze,
1 Zwiebel, 1 Eßl. Butter,
1 Eßl. Schlagsahne,
2 Zweige frischer Majoran,
Salz, Cayennepfeffer

Linsen mit einem halben Liter Wasser und Brühe aufkochen und zugedeckt bei kleiner Hitze 50 Minuten garen. Möhrenwürfel zugeben und weitere fünf Minuten garen. Pilze in Streifen schneiden. Zwiebel hacken. Butter erhitzen. Pilze und Zwiebel darin bei mittlerer Hitze etwa drei Minuten rösten, dabei häufig wenden. Mit Sahne und gehacktem Majoran unter die Linsen mischen. Mit Salz und Pfeffer abschmecken. ◤ Dazu: Salat und Brot ◤ Pro Portion 13 g Eiweiß, 5 g Fett, 31 g Kohlenhydrate, 8 g Ballaststoffe, 230 Kalorien

Sojanudeln mit Tofu-Tomatensoße

FÜR 4 PORTIONEN

200 g Tofu, 400 g Tomaten, 1 Zwiebel, 1 Knoblauchzehe, 2 Eßl. Olivenöl, 1 Teel. getrockneter Thymian, Salz, 1 Teel. Peperonicreme (siehe Tip Seite 123), 1 Prise Zucker, 500 g Sojanudeln, 1 Eßl. Butter, 75 g frisch geriebener Parmesankäse, 1/2 Bund Petersilie

Tofu mit Tomaten im Blitzhacker pürieren. Zwiebel und Knoblauch fein hacken und im heißen Öl glasig braten. Tofupüree und Thymian zugeben und bei mittlerer Hitze unter Rühren etwa eine Minuten schmoren. Mit Salz, Peperonicreme und Zucker abschmekken. Die Nudeln in reichlich Salzwasser bißfest garen. Abgetropft mit Butter, Tofu-Tomatensoße und Käse mischen. Petersilie hacken und darüberstreuen. ◤ Dazu: Salat ◤ Pro Portion 28 g Eiweiß, 19 g Fett, 90 g Kohlenhydrate, 6 g Ballaststoffe, 640 Kalorien

Sojasprossen mit Porree

FÜR 3 PORTIONEN

500 g Porree, 250 g Sojasprossen, 1 Eßl. Öl, 2 Eßl. Zitronensaft, Salz, frisch gemahlener weißer Pfeffer, 1 Möhre (etwa 100 g), 1 Eßl. saure Sahne

Porree putzen, waschen und in fingerbreite Stücke schneiden. Sprossen kalt abspülen und abtropfen lassen. Öl erhitzen. Porree darin bei mittlerer Hitze unter Rühren anbraten. Sprossen, Zitronensaft, zwei Eßlöffel Wasser, Salz und Pfeffer zugeben. Aufkochen und zugedeckt bei kleiner Hitze fünf Minuten garen. Geraspelte Möhre und saure Sahne untermischen. ◤ Dazu: Pellkartoffeln oder Eierkuchen (Rezept Seite 80, Füllung weglassen) ◤ Pro Portion 7 g Eiweiß, 5 g Fett, 12 g Kohlenhydrate, 4 g Ballaststoffe, 110 Kalorien

Gebratene Auberginen mit Tofu

FÜR 2 PORTIONEN

2 Auberginen (etwa 600 g),
200 g Tofu, 2 Lauchzwiebeln,
2 große Knoblauchzehen,
3 Eßl. Olivenöl, 3 Eßl. Gemüsebrühe (siehe Kasten Seite 92),
2 Eßl. Zitronensaft, Salz,
frisch gemahlener schwarzer Pfeffer,
2 Eßl. gehackte Petersilie

Auberginen und Tofu würfeln. Lauchzwiebeln putzen und in dünne Ringe schneiden. Knoblauchzehen grob hacken. Öl in einer großen Pfanne erhitzen. Auberginen, Tofu, Zwiebeln und Knoblauch darin bei mittlerer Hitze unter Rühren anbraten. Brühe, Zitronensaft, Salz und Pfeffer zugeben. Alles zugedeckt bei kleiner Hitze etwa 15 Minuten garen, dabei hin und wieder umrühren. Mit Petersilie bestreut anrichten. ◤ Dazu: Reis, Couscous (Rezept Seite 90; Gemüse weglassen) oder Brot ◤ Pro Portion 11 g Eiweiß, 20 g Fett, 17 g Kohlenhydrate, 5 g Ballaststoffe, 315 Kalorien

Linsen mit Reis

FÜR 4 PORTIONEN

1 Zwiebel, 1 Knoblauchzehe,
2 Eßl. Öl, 100 g Linsen,
1/4 l Gemüsebrühe (siehe Kasten Seite 92),
100 g Langkornreis,
frisch gemahlener schwarzer Pfeffer,
1 Bund Schnittlauch

Zwiebel und Knoblauch hacken und im heißen Öl glasig braten. Linsen und Brühe zugeben, aufkochen und zugedeckt bei kleiner Hitze etwa 30 Minuten garen, bis die Linsen halb weich sind. Reis untermischen, erneut aufkochen und zugedeckt bei kleiner Hitze in etwa 20 Minuten garen. Mit Pfeffer würzen, mit Schnittlauchröllchen mischen. ◤ Dazu: Salat ◤ Pro Portion 8 g Eiweiß, 5 g Fett, 34 g Kohlenhydrate, 4 g Ballaststoffe, 220 Kalorien

Bohnencurry mit Äpfeln

FÜR 4 PORTIONEN

200 g grüne Bohnen, 2 säuerliche Äpfel (etwa 250 g), 2 Eßl. Zitronensaft,
1 große Zwiebel, 1 Bund Bohnenkraut,
je 1 Teel. Bockshornkleesamen und Senfkörner, 2 Gewürznelken,
1 Stück Ingwerwurzel (etwa 2 cm lang),
1 kleine rote Pfefferschote, 3 Eßl. Öl,
1 Teel. gemahlene Gelbwurz (Kurkuma),
1/2 Teel. gemahlener Kreuzkümmel (Kumin),
1/8 l Gemüsebrühe (siehe Kasten Seite 92),
1 Dose rote Bohnen (Füllmenge 400 g), Salz

Grüne Bohnen putzen und in etwa fingerlange Stücke schneiden. Äpfel achteln, schälen, Kerngehäuse herausschneiden. Äpfel mit Zitronensaft mischen. Zwiebel grob hacken, Bohnenkrautblättchen abzupfen und beiseite legen. Stiele fein hacken. Bockshornklee, Senfkörner, Gewürznelken, geschälte Ingwerwurzel und entkernte Pfefferschote im Blitzhacker fein zerkleinern. Öl erhitzen. Bohnen, Äpfel, Zwiebeln, Bohnenkrautstiele, zerkleinerte Gewürzmischung, Gelbwurz und Kreuzkümmel zugeben und unter ständigem Rühren bei kleiner Hitze etwa zwei Minuten schmoren. Brühe und abgetropfte rote Bohnen zugeben und aufkochen. Curry zugedeckt bei kleiner Hitze 15 Minuten garen. Mit Salz abschmecken, mit den Bohnenkrautblättchen bestreut servieren. Dazu: Reis oder Brot. Pro Portion 12 g Eiweiß, 9 g Fett, 40 g Kohlenhydrate, 4 g Ballaststoffe, 295 Kalorien

WO GIBT ES GUTE CURRYGEWÜRZE? In asiatischen Lebensmittelgeschäften, Reformhäusern, Feinkostläden und den Feinkostabteilungen der Supermärkte bekommen Sie fertige Gewürzmischungen mit hochwertigen Zutaten. Von hoher Qualität sollten sie unbedingt sein. Dann ist gekauftes Currypulver so aromatisch wie selbst gemixtes. Besonders preiswertes Pulver dagegen schmeckt so penetrant, wie es riecht.

Kichererbsensuppe mit Tomaten

FÜR 4 PORTIONEN

4 Scheiben Vollkornbrot (etwa 150 g),
1 Knoblauchzehe, 3 Eßl. Olivenöl,
1 Teel. getrockneter Oregano,
1 Dose Kichererbsen (Füllmenge 400 g),
1 Paket passierte Tomaten (500 g),
1 Eßl. Instant-Gemüsebrühe,
50 g Crème fraîche,
1 Teel. Peperonicreme
(siehe Tip Seite 123), Salz

Brot würfeln, abgezogenen Knoblauch fein hacken. Öl erhitzen. Brot, Knoblauch und Oregano darin bei kleiner bis mittlerer Hitze unter häufigem Wenden so lange rösten, bis die Suppe fertig ist. Abgetropfte Kichererbsen, Tomaten, einen Viertelliter Wasser, Instant-Brühe und Crème fraîche aufkochen und unter Rühren etwa zwei Minuten kochen lassen. Mit Peperonicreme und Salz abschmecken und auf Tellern verteilen. Brotwürfel darüberstreuen. Pro Portion 24 g Eiweiß, 17 g Fett, 69 g Kohlenhydrate, 13 g Ballaststoffe, 530 Kalorien

Knuspriger Tofu mit Spinat

FÜR 2 PORTIONEN

500 g Spinat, Salz, 1 Eßl. Crème fraîche,
Cayennepfeffer, 1/2 Zitrone,
1 Teel. Butter, 250 g Tofu,
Fett zum Fritieren (siehe Tip Seite 33)

Spinat verlesen, waschen und tropfnaß in einen Topf geben. Salz, Crème fraîche, Cayennepfeffer, Zitronensaft und Butter zugeben. Spinat zugedeckt bei großer Hitze etwa drei Minuten garen, bis er intensiv grün ist. Tofu trockentupfen, in Scheiben schneiden und im heißen Fett schwimmend goldgelb backen. Abgetropft auf dem Spinat anrichten. Dazu: Brot oder Reis Pro Portion 15 g Eiweiß, 20 g Fett, 6 g Kohlenhydrate, 6 g Ballaststoffe, 260 Kalorien

Erbsenschnitten mit Currykartoffeln

FÜR 4 PORTIONEN — FOTO

250 g geschälte gelbe Erbsen,
1 Zwiebel, 1 Stück Ingwerwurzel
(etwa 1 cm lang), Salz, 7 Eßl. Öl,
Fett für die Arbeitsfläche,
500 g Kartoffeln (vorwiegend
festkochende Sorte),
300 g Sahnejoghurt (10 %),
2 Teel. Kümmel,
1 Teel. gemahlener Koriander,
je 1 Teel. Ingwer-, Curry-
und edelsüßes Paprikapulver,
1 Teel. Fenchelsamen,
20 g Butterschmalz,
1/2 Bund Petersilie

Erbsen über Nacht in zwei Liter Wasser einweichen. Abgießen, Wasser auffangen. Erbsen, Zwiebelviertel und geschälte Ingwerwurzel im Blitzhacker pürieren. Brei salzen und mit etwa zwei Eßlöffel Einweichwasser vermischen, bis er gut formbar, aber nicht brüchig ist. Vier Eßlöffel Öl in einer Pfanne erhitzen, Brei darin bei kleiner Hitze unter ständigem Rühren etwa fünf Minuten garen, bis er fest und streichfähig ist. Auf der gefetteten Arbeitsfläche zu einem daumendicken Rechteck formen und in Rhomben schneiden. Kartoffeln schälen, waschen und vierteln. Bei mittlerer Hitze im restlichen heißen Öl unter Rühren braten, bis sie braun sind. Joghurt mit einem Achtelliter Wasser, einem Teelöffel Kümmel, Koriander, Ingwer, Curry und Paprika verrühren. Zu den Kartoffeln geben. Zugedeckt zehn Minuten schmoren, bis die Kartoffeln weich sind. Erbsen-Rhomben zugeben und erhitzen. Restlichen Kümmel mit Fenchel ohne Fett rösten, im Mörser zerkleinern und darüberstreuen. Mit flüssigem Butterschmalz beträufeln und mit grob gehackter Petersilie bestreuen. ◤ Dazu: Reis oder Fladenbrot ◤ Pro Portion 20 g Eiweiß, 31 g Fett, 60 g Kohlenhydrate, 11 g Ballaststoffe, 600 Kalorien

Gebratener Tofu mit Gemüse

FÜR 3 PORTIONEN

300 g Tofu, 100 g Champignons,
1 Stange Sellerie, 1 rote Zwiebel,
1 grüne Paprikaschote,
1 Stück Salatgurke (etwa 100 g),
2 Möhren (etwa 250 g),
je 2 Eßl. Gemüsebrühe
(siehe Kasten Seite 92),
Zitronensaft und Sojasoße,
Salz, Cayennepfeffer

Tofu würfeln, Pilze putzen. Sellerieblättchen abzupfen und beiseite legen. Selleriestange in fingerbreite Stücke, Zwiebel in Ringe, Paprikaschote in Streifen schneiden. Gurke und Möhren schälen und in dünne Stifte schneiden. Öl erhitzen. Tofu, Pilze und Gemüse darin bei mittlerer Hitze unter ständigem Rühren fünf Minuten braten. Brühe, Zitronensaft und Sojasoße untermischen. Mit Salz und Cayennepfeffer würzen. Sellerieblättchen darüberstreuen. ◤ Dazu: Reis oder Brot ◤ Pro Portion 11 g Eiweiß, 5 g Fett, 15 g Kohlenhydrate, 6 g Ballaststoffe, 155 Kalorien

SOJA Als eiweißreichste Pflanzen mit besonders wertvollem Protein spielen Sojabohnen für die fleischlose Ernährung eine wichtige Rolle. Soja enthält kein Cholesterin und kann sogar helfen, zu hohe Blutfettwerte zu senken.
Soja gibt es in vielen verschiedenen Zubereitungen zu kaufen. Am bekanntesten ist Sojasoße, beliebt sind auch Tofu, ein Sojaquark (siehe Rezept), Sojanudeln und Sojasprossen (siehe Rezepte Seite 102). In Grünen Läden und Reformhäusern können Sie Sojamilch - "pur" oder aromatisiert - kaufen: gut für alle, die Milch nicht vertragen. Und wenn Sie Rührkuchen oder Pfannkuchen ohne Eier backen wollen, nehmen Sie für jedes Ei etwa 25 Gramm vollfettes Sojamehl und 50 Kubikzentimeter Wasser.

Tofu mit Paprikagemüse

FÜR 4 PORTIONEN

1 kg rote und grüne Paprikaschoten gemischt, 2 Zwiebeln, 2 Knoblauchzehen, 1 grüne Pfefferschote, 6 Eßl. Olivenöl, 1/8 l Gemüsebrühe (siehe Kasten Seite 92), 2 Eßl. Zitronensaft, 300 g Tofu, Salz, frisch gemahlener Pfeffer, 1 Bund Petersilie

Paprikaschoten waschen, putzen und in Streifen schneiden. Zwiebeln, Knoblauch und entkernte Pfefferschote hacken. Drei Eßlöffel Öl erhitzen. Paprikaschoten, Zwiebeln, Knoblauch und Pfefferschote darin bei mittlerer Hitze unter ständigem Rühren etwa fünf Minuten rösten. Brühe und Zitronensaft zugeben, aufkochen und zugedeckt bei kleiner Hitze etwa drei Minuten garen. Tofu in Scheiben schneiden, mit Salz und Pfeffer würzen. Restliches Öl erhitzen. Tofu darin bei mittlerer Hitze pro Seite etwa zwei Minuten braten. Gemüse mit Salz abschmecken und mit gehackter Petersilie bestreut zum Tofu servieren. ◤ Dazu: Brot oder Reis ◤ Pro Portion 9 g Eiweiß, 19 g Fett, 6 g Kohlenhydrate, 2 g Ballaststoffe, 255 Kalorien

Schnelle Bohnensuppe

FÜR 4 PORTIONEN

1 Lauchzwiebel, 1 kleiner Kohlrabi (etwa 200 g), 2 Dosen rote Bohnen (Füllmenge 800 g), 1 Eßl. Instant-Gemüsebrühe, 50 g Schlagsahne, 1 Eßl. Zitronensaft, frisch gemahlener weißer Pfeffer

Zwiebel putzen, waschen und in dünne Ringe schneiden. Zarte Kohlrabiblättchen abschneiden und beiseite legen. Kohlrabi schälen und raspeln. Abgetropfte Bohnen mit einem Liter Wasser, Brühe, Zwiebelringen und Kohlrabi aufkochen und zugedeckt bei kleiner Hitze drei Minuten kochen lassen. Sahne, Zitronensaft und gehackte Kohlrabiblättchen untermischen. Mit Pfeffer abschmecken. ◤ Pro Portion 24 g Eiweiß, 5 g Fett, 61 g Kohlenhydrate, 1 g Ballaststoffe, 405 Kalorien

Kichererbsen mit Nußklößchen

FÜR 4 PORTIONEN

100 g Weizenkörner, Salz,
3 Eßl. Milch, 2 Zwiebeln, 1 Ei,
50 g gemahlene Nußkerne,
1/2 Teel. getrockneter Majoran,
2 Eßl. Öl, 2 Dosen Kichererbsen
(Füllmenge 800 g),
1/4 l Gemüsebrühe (siehe Kasten Seite 92),
1 Dose geschälte Tomaten (Füllmenge 400 g),
100 g kleine Champignons,
Cayennepfeffer, 1 Bund Schnittlauch

Weizen grob schroten, mit 150 Kubikzentimeter Wasser, Salz und Milch aufkochen und zugedeckt bei kleinster Hitze 30 Minuten garen. Abgezogene Zwiebeln fein hacken. Lauwarm abgekühlten Weizen mit einem Eßlöffel Zwiebeln, Ei, Nüssen und Majoran mischen. Mit angefeuchteten Händen zwölf Klößchen formen und in reichlich sprudelnd kochendes Salzwasser geben. Temperatur zurückschalten. Klößchen bei kleiner Hitze 15 Minuten garen. Öl erhitzen, restliche Zwiebeln darin bei kleiner Hitze glasig braten. Abgetropfte Kichererbsen, Brühe, Tomaten mit Flüssigkeit und geputzte Pilze zugeben und aufkochen. Zugedeckt bei kleiner Hitze zehn Minuten garen. Mit Salz und Cayennepfeffer abschmecken, mit Schnittlauchröllchen bestreuen. Abgetropfte Klößchen auf dem Gemüse anrichten. ◤ Dazu: gemischter Salat ◤ Pro Portion 44 g Eiweiß, 21 g Fett, 107 g Kohlenhydrate, 22 g Ballaststoffe, 800 Kalorien

TRINKEN IST WICHTIG, wenn Sie ballaststoffreich essen. Damit die Pflanzenfasern im Darm aufquellen können und die Nahrung rascher "wandert". Am besten über den Tag verteilt etwa zwei Liter trinken: Mineralwasser, Kräutertee, Früchtetee und ungesüßte Fruchtsäfte. Natürlich können Sie auch schwarzen Tee oder Kaffee trinken - vielleicht vermischt mit einem Viertelliter Milch. Dann kriegen Sie ganz nebenbei noch eine calciumreiche Zwischenmahlzeit.

Eintopf mit Tofu und Mais

FÜR 3 PORTIONEN

250 g Tofu, 1 kleine rote Pfefferschote,
3 Zwiebeln (etwa 150 g), 1 Knoblauchzehe,
2 Tomaten (etwa 250 g),
2 Paprikaschoten (etwa 200 g),
2 Eßl. Öl, 1 Teel. getrockneter Thymian,
1 Dose Zuckermais (Füllmenge 425 g),
Salz, 1 Bund Basilikum

Tofu würfeln, entkernte Pfefferschote, Zwiebeln und Knoblauch hacken. Abgezogene Tomaten würfeln, Paprikaschoten in Streifen schneiden. Öl erhitzen. Tofu, Pfefferschote, Zwiebeln und Thymian darin bei mittlerer Hitze unter ständigem Rühren anbraten, bis der Tofu eine gelbe Kruste hat. Knoblauch, Tomaten, Paprikaschote und abgetropften Mais zugeben und zugedeckt bei mittlerer Hitze fünf Minuten schmoren. Mit Salz abschmecken und mit gehacktem Basilikum anrichten. ◤ Dazu: Nudeln, Reis oder Brot ◤ Pro Portion 13 g Eiweiß, 13 g Fett, 41 g Kohlenhydrate, 6 g Ballaststoffe, 330 Kalorien

Erbsenpüree mit Zwiebeln

FÜR 4 PORTIONEN

300 g geschälte gelbe Trockenerbsen,
200 g Zwiebeln, 3 Eßl. Öl,
2 Eßl. Schlagsahne, Salz,
frisch gemahlener weißer Pfeffer,
1-2 Eßl. Apfelessig

Erbsen in einem halben Liter Wasser über Nacht einweichen. Aufkochen und zugedeckt bei kleiner Hitze in etwa eineinhalb Stunden sehr weich garen. Zwiebeln in Ringe schneiden und im heißen Öl bei kleiner Hitze unter häufigem Umrühren in etwa 20 Minuten weich braten. Bei mittlerer Hitze goldbraun rösten. Erbsen mit den Quirlen des Handrührgerätes pürieren, Sahne untermischen. Mit Salz, Pfeffer und Essig abschmecken und mit den Zwiebeln belegen. ◤ Dazu: Kartoffeln ◤ Pro Portion 16 g Eiweiß, 13 g Fett, 40 g Kohlenhydrate, 9 g Ballaststoffe, 340 Kalorien

6/ Dips, Soßen und Brotaufstriche

Zwiebelquark (oben links,
Rezept Seite 114),
Tofudip (Seite 113 unten,
Rezept Seite 115),
Gorgonzoladip (Seite 113 oben,
Rezept Seite 115)

Zwiebelquark

FÜR 4 PORTIONEN — FOTO SEITE 112, OBEN LINKS

2 kleine rote Zwiebeln,
200 g Magerquark,
100 g saure Sahne,
1 Eßl. Crème fraîche,
1 Eßl. Meerrettich (Glas), Salz,
frisch gemahlener schwarzer Pfeffer

Eine abgezogene Zwiebel fein hacken, die andere in dünne Ringe schneiden. Gehackte Zwiebel mit Quark, Sahne, Crème fraîche, Meerrettich, Salz und Pfeffer verrühren. Mit den Zwiebelringen belegt anrichten. ◤ Zu Pellkartoffeln oder Brot. Hält sich im Kühlschrank etwa zwei Tage ◤ Pro Portion 8 g Eiweiß, 5 g Fett, 4 g Kohlenhydrate, 0,5 g Ballaststoffe, 90 Kalorien

Mayonnaise mit Kräutern

FÜR 4 PORTIONEN

1 Ei, 1 Eßl. Zitronensaft,
1 Teel. scharfer Senf, Salz,
frisch gemahlener schwarzer Pfeffer,
1/8 l Öl, 2 Eßl. gehackte Kräuter
wie Kerbel, Dill, Borretsch und
Zitronenmelisse (ersatzweise 1 Päckchen
gemischte Tiefkühl-Kräuter)

Ei mit Zitronensaft, Senf, Salz und Pfeffer verrühren. Das Öl zuerst tropfenweise, dann in dünnem Strahl zugießen und alles kräftig zur Mayonnaise verrühren. Kräuter untermischen. ◤ Zu Pellkartoffeln, Tomatenbrot, rohem, gegrilltem oder gebratenem Gemüse ◤ Pro Portion 2 g Eiweiß, 33 g Fett, 0,5 g Kohlenhydrate, 0 g Ballaststoffe, 305 Kalorien

TIP: Mit Joghurt, saurer Sahne oder Dickmilch vermischt schmeckt die Mayonnaise auch als Salatsoße.

Tofudip

FÜR 4 PORTIONEN — FOTO SEITE 113, UNTEN

200 g Tofu, 5 Eßl. Milch,
je 1/2 Bund Dill, Petersilie
und Basilikum,
1 Eßl. Zitronensaft,
Salz, Cayennepfeffer,
1/2 Teel. Erdnußöl

Tofu mit Milch und gewaschenen Kräutern pürieren. Dip mit Zitronensaft, Salz, Cayennepfeffer und Öl abschmecken. ◤ Zu Pellkartoffeln, Gemüserohkost und Brot. Hält sich im Kühlschrank etwa zwei Tage ◤ Pro Portion 4 g Eiweiß, 3 g Fett, 3 g Kohlenhydrate, 0,2 g Ballaststoffe, 60 Kalorien

Gorgonzoladip

FÜR 6 PORTIONEN — FOTO SEITE 113, OBEN

100 g Gorgonzola (oder anderer
Edelpilzkäse), 250 g Rahmfrischkäse,
150 g Magerjoghurt, 2 Eßl. Zitronensaft,
frisch gemahlener schwarzer Pfeffer,
100 g schwarze Oliven

Die beiden Käsesorten und Joghurt mit den Quirlen des Handrührgerätes glattrühren. Mit Zitronensaft und Pfeffer abschmecken, mit den Oliven belegen. ◤ Zu Pellkartoffeln oder als Brotaufstrich. Hält sich im Kühlschrank etwa vier Tage ◤ Pro Portion 10 g Eiweiß, 18 g Fett, 4 g Kohlenhydrate, 0 g Ballaststoffe, 235 Kalorien

Linsencreme

FÜR 4 PORTIONEN

200 g rote Linsen, 400 ccm Gemüsebrühe,
1 grüne Paprikaschote (etwa 100 g),
1 Zwiebel, 1/2 Bund Basilikum,
50 g Nußkerne, 1 Teel. Peperonicreme
(siehe Tip Seite 123),
1 1/2 Eßl. Apfelessig, Salz,
1 Teel. Erdnußöl

Linsen mit Brühe aufkochen und zugedeckt bei kleiner Hitze in etwa 30 Minuten zu Mus garen. Lauwarm abkühlen lassen. Geputzte Paprikaschote, Zwiebel, Basilikum und Nüsse ganz fein hacken. Mit Peperonicreme, Essig, Salz und Öl unter die Linsen mischen. ◤ Zu Pellkartoffeln oder als Brotaufstrich. Hält sich im Kühlschrank etwa vier Tage ◤ Pro Portion 14 g Eiweiß, 10 g Fett, 29 g Kohlenhydrate, 7 g Ballaststoffe, 265 Kalorien

Käsecreme

FÜR 4 PORTIONEN

150 g Edelpilzkäse, 100 g Magerquark,
30 g Butter, 1 Eßl. Schlagsahne,
1 Zwiebel, 1 kleine Essiggurke,
1 Teel. Kümmel, Salz,
frisch gemahlener schwarzer Pfeffer,
1 gehäufter Teel. Edelsüß-Paprika,
1 Bund Schnittlauch

Käse mit einer Gabel zerdrücken, mit Quark, der weichen Butter, Sahne, fein gehackter Zwiebel, gehackter Essiggurke und Kümmel mischen. Mit Salz, Pfeffer und Paprika kräftig würzen. Mit Schnittlauchröllchen bestreuen. ◤ Zu Vollkornbrezeln oder Brot. Hält sich im Kühlschrank etwa drei Tage ◤ Pro Portion 12 g Eiweiß, 19 g Fett, 2 g Kohlenhydrate, 0,5 g Ballaststoffe, 225 Kalorien

Tomatensoße

FÜR 4 PORTIONEN

500 g reife Tomaten, 4 Lauchzwiebeln, 1 Knoblauchzehe, 1 Eßl. Olivenöl, 125 g Schlagsahne, 1-2 Teel. Peperonicreme (siehe Tip Seite 123), Salz, 1 Prise Zucker

Tomaten abziehen und würfeln. Lauchzwiebeln putzen und fein zerkleinern. Knoblauch hacken. Öl erhitzen, Zwiebeln und Knoblauch darin bei kleiner Hitze anbraten. Tomaten zugeben, aufkochen und zugedeckt bei mittlerer Hitze etwa fünf Minuten schmoren. Schlagsahne, Peperonicreme, Salz und Zucker untermischen und erhitzen, aber nicht aufkochen. ◤ Zu Nudeln, Reis, Bulgur und Pellkartoffeln ◤ Pro Portion 3 g Eiweiß, 13 g Fett, 7 g Kohlenhydrate, 2 g Ballaststoffe, 160 Kalorien

Selleriesoße

FÜR 3 PORTIONEN

1 Stange Sellerie (etwa 75 g), 1/2 Zitrone, Salz, 1 Eigelb, 100 g Butter, Cayennepfeffer, Muskat, 1 Prise gemahlener Koriander, 1 Eßl. gehackte Petersilie

Sellerieblättchen abschneiden und beiseite legen. Stange waschen und fein zerkleinern. Mit Zitronensaft, drei Eßlöffel Wasser und Salz sehr weich kochen. Etwas abgekühlt mit der Garflüssigkeit, Eigelb und Butterstückchen im Mixer zu einer dickflüssigen Soße pürieren. Mit Cayennepfeffer, Muskat und Koriander abschmecken und mit den gehackten Sellerieblättchen und Petersilie vermischt anrichten. ◤ Zu Pellkartoffeln, Nudeln, gebratenen Zucchini oder Auberginen ◤ Pro Portion 2 g Eiweiß, 30 g Fett, 2 g Kohlenhydrate, 1 g Ballaststoffe, 280 Kalorien

CASTELLO
DI VOLPAIA
CASTELLO
DI VOLPAIA
Aceto
di Volpaia
RED WINE VINEGAR

Vinaigrette

FÜR 4 PORTIONEN — FOTO

2 Eßl. Rotweinessig, Salz,
frisch gemahlener weißer Pfeffer,
1 Prise Zucker,
1 Teel. scharfer Senf,
6 Eßl. Olivenöl,
1/2 kleine Zwiebel,
je 2 Eßl. gehackte Petersilie
und Schnittlauchröllchen

Essig, Salz, Pfeffer, Zucker und Senf kräftig verrühren. Öl langsam zugeben und mit einem Schneebesen kräftig unterrühren. Fein gehackte Zwiebel und Kräuter untermischen. ◤ Zu allen Salaten, gekochten Artischocken und Spargel ◤ Pro Portion 0,3 g Eiweiß, 15 g Fett, 1 g Kohlenhydrate, 0,4 g Ballaststoffe, 145 Kalorien

Fenchelsoße

FÜR 3 PORTIONEN

150 g Joghurt, 50 g Crème fraîche,
1 kleine Fenchelknolle (etwa 150 g),
1 Teel. Zitronensaft, Salz,
frisch gemahlener schwarzer Pfeffer

Joghurt mit Crème fraîche verrühren. Fenchelknolle halbieren, waschen, Strunk herausschneiden. Hälften fein zerkleinern und unter den Joghurt mischen. Mit Zitronensaft, Salz und Pfeffer würzen. ◤ Zu Pellkartoffeln oder rohem Gemüse ◤ Pro Portion 3 g Eiweiß, 9 g Fett, 5 g Kohlenhydrate, 2 g Ballaststoffe, 110 Kalorien

Sauce Béarnaise

FÜR 4 PORTIONEN — FOTO

200 g Butter, 2 Schalotten,
4 weiße Pfefferkörner,
je 2 Eßl. gehackte Estragon- und Kerbelblättchen,
100 ccm trockener Weißwein,
3 Eßl. Weißweinessig,
3 Eigelb, 3 Eßl. heißes Wasser,
Salz, Cayennepfeffer

Butter zerlassen und warm halten. Schalotten abziehen und fein hacken. Pfefferkörner zerdrücken. Schalotten, Pfeffer und Kräuter mit Wein und Essig aufkochen und bei großer Hitze unter häufigem Rühren einkochen lassen, bis noch etwa zwei Eßlöffel Flüssigkeit übrig sind. Durch ein feines Sieb streichen. In einem hohen Topf mit Eigelb und Wasser verrühren. Einen zweiten Topf mit kochendheißem Wasser füllen. Topf mit Eigelbmischung hineinstellen. Soße in diesem Wasserbad mit den Quirlen des Handrührgerätes zu einer dicken Creme verrühren. Die warme Butter unter ständigem Rühren zuerst teelöffelweise, dann in dünnem Strahl zugeben. Die Soße rühren, bis sie dick und cremig ist. Mit Salz und Cayennepfeffer abschmecken. ◤ Zu Pellkartoffeln, Spargel, Artischocken, Blumenkohl und Brokkoli ◤ Pro Portion 3 g Eiweiß, 46 g Fett, 2 g Kohlenhydrate, 0 g Ballaststoffe, 450 Kalorien

BUTTERSOSSEN MACHEN SATT, weil sie reichlich Fett enthalten. Deshalb passen sie gut zu so kalorienarmen Lebensmitteln wie Gemüse und Kartoffeln. Außer der bekannten Sauce Béarnaise gibt es noch eine ganze Reihe anderer feiner Buttersoßen, die Abwechslung in die vegetarische Küche bringen: Für Holländische Soße lassen Sie den Kräuterextrakt weg, für Sauce Choron (zu gedünstetem oder gegrilltem Gemüse) rühren Sie einen knappen Eßlöffel Tomatenmark unter die Sauce Béarnaise. Besonders einfach und nicht ganz so gehaltvoll: gegartes Gemüse mit Eigelb und Butter pürieren, wie im Rezept "Selleriesoße" auf Seite 117 beschrieben.

Brotaufstrich mit Möhren

FÜR 6 PORTIONEN

200 g Möhren,
250 g Kartoffeln (mehlige Sorte),
1/2 Bund Petersilie,
Salz, 1 kleine Zwiebel,
1 Eßl. Zitronensaft,
1-2 Eßl. Meerrettich
(Glas oder frisch gerieben),
1 Teel. Olivenöl

Möhren und Kartoffeln schälen, waschen und in kleine Würfel schneiden. Mit drei Eßlöffel Wasser, Salz und den abgeschnittenen Petersilienstielen aufkochen und zugedeckt bei kleiner Hitze 15 Minuten garen. Lauwarm abgekühlt mit abgezogener Zwiebel und Petersilie im Blitzhacker pürieren. Zitronensaft, Meerrettich und Öl untermischen. ◤ Hält sich verschlossen im Kühlschrank etwa drei Tage ◤ Pro Portion 1 g Eiweiß, 2 g Fett, 9 g Kohlenhydrate, 2 g Ballaststoffe, 59 Kalorien

Brotaufstrich mit Kohlrabi

FÜR 4 PORTIONEN

1 Kohlrabi (etwa 400 g),
3 Eßl. Gemüsebrühe (siehe Kasten Seite 92),
2 Eßl. Zitronensaft,
1 kleine Zwiebel,
1 Knoblauchzehe, 50 g Nußkerne,
100 g Rahmfrischkäse,
2 Eßl. gehackte Kräuter wie Petersilie,
Majoran, Zitronenmelisse
und Schnittlauch, Salz,
frisch gemahlener weißer Pfeffer,
1/2 Teel. Erdnußöl

Kohlrabi schälen, waschen und in kleine Würfel schneiden. Mit Brühe und Zitronensaft aufkochen und zugedeckt bei kleiner Hitze 15 Minuten garen. Lauwarm abgekühlt mit abgezogener Zwiebel und Knoblauchzehe, Nüssen und Frischkäse im Blitzhacker pürieren. Kräuter, Salz, Pfeffer und Öl untermischen. ◤ Hält sich verschlossen im Kühlschrank etwa fünf Tage ◤ Pro Portion 6 g Eiweiß, 22 g Fett, 6 g Kohlenhydrate, 3 g Ballaststoffe, 196 Kalorien

Quarkdip mit Gemüse

FÜR 4 PORTIONEN

250 g Magerquark, 150 g saure Sahne,
2 Eßl. Schlagsahne, 1 kleine grüne Paprikaschote, 1 Möhre, 1 kleine Tomate,
1 Bund Schnittlauch, 1/2 Bund Dill,
1 Teel. Peperonicreme (siehe TIP),
Salz, 1 Prise Zucker

Quark mit saurer Sahne und Schlagsahne verrühren. Paprikaschote putzen, Möhre schälen, Tomate und Kräuter waschen. Alles fein zerkleinern und mit dem Quark mischen. Mit Peperonicreme, Salz und dem Zucker würzen. ◤ Zu rohem Gemüse, Pellkartoffeln oder Brot ◤ Pro Portion 11 g Eiweiß, 6 g Fett, 7 g Kohlenhydrate, 2 g Ballaststoffe, 126 Kalorien

TIP: Peperonicreme bekommen Sie in italienischen Feinkostgeschäften und manchen Grünen Läden. Sie läßt sich gut dosieren und schmeckt in allen Gerichten, die Sie sonst mit Cayennepfeffer würzen.

Avocadodip

FÜR 4 PORTIONEN

3 reife Avocados (etwa 700 g),
1 kleine Zitrone, 2 Eßl. Schlagsahne,
1 Eßl. Kürbiskerne, 1/2 kleine Zwiebel,
je 1 Eßl. gehackter Dill und Schnittlauch,
Salz, Cayennepfeffer

Avocados halbieren, Kerne herauslösen, Hälften schälen. Mit Zitronensaft, Sahne und Kürbiskernen pürieren. Fein gehackte Zwiebel und Kräuter untermischen. Mit Salz und Cayennepfeffer abschmecken. ◤ Zu rohem Gemüse oder Artischocken oder als Brotaufstrich. Hält sich im Kühlschrank einen Tag ◤ Pro Portion 5 g Eiweiß, 45 g Fett, 4 g Kohlenhydrate, 6 g Ballaststoffe, 440 Kalorien

7/Süße Hauptgerichte

Eierküchlein mit Erdbeeren (Rezept Seite 126)

Eierküchlein mit Erdbeeren

FÜR 4 PORTIONEN — FOTO SEITE 124/125

2 Eier, 40 g Zucker, 1 Teel. Vanillezucker,
1 Prise Salz, 1/8 l Milch, 75 g Mehl,
40 g gehackte Mandeln, 40 g Korinthen,
1 Messerspitze Backpulver,
500 g Erdbeeren, 3 Eßl. Öl, 1 Eßl. Butter,
eventuell Hagelzucker

Eier, Zucker, Vanillezucker und Salz mit den Quirlen des Handrührgerätes schaumig schlagen. Milch, Mehl, Mandeln, Korinthen und Backpulver unterrühren. Teig zehn Minuten ruhenlassen. Erdbeeren waschen, abzupfen und auf Tellern anrichten. Einen Eßlöffel Öl erhitzen. Handtellergroße Teigportionen in das Öl geben und zugedeckt bei kleiner Hitze backen, bis der Teig an der Oberfläche gestockt ist und die Ränder leicht braun sind. Wenden, fertigbacken und im Ofen warm halten. Den restlichen Teig ebenso backen. Butter in der Pfanne zerlassen und dabei leicht bräunen. Eierküchlein neben den Erdbeeren anrichten und mit Butter beträufeln. Erdbeeren nach Wunsch mit Hagelzucker bestreuen. ◤ Pro Portion 10 g Eiweiß, 18 g Fett, 53 g Kohlenhydrate, 5 g Ballaststoffe, 368 Kalorien

Crêpes

FÜR 4 PORTIONEN

150 ccm Milch,
50 g Schlagsahne,
1 Prise Salz, 75 g Mehl,
2 Eier, 50 g Butter

Milch, Sahne, Salz und gesiebtes Mehl verrühren. Eier und zwei Eßlöffel zerlassene Butter untermischen. Crêpes in der restlichen Butter nacheinander backen; das geht am besten in einer kleinen Pfanne von 15 Zentimeter Durchmesser. ◤ Dazu: Kompott oder Konfitüre ◤ Pro Portion 17 g Eiweiß, 37 g Fett, 19 g Kohlenhydrate, 0 g Ballaststoffe, 478 Kalorien

Quarkauflauf mit Obst

FÜR 4 PORTIONEN

100 g Butter, 75 g Zucker,
abgeriebene Zitronenschale,
1 Prise Salz, 1/2 Teel. gemahlene Vanille,
3 Eier, 500 g Magerquark, 5 Eßl. Milch,
75 g Grieß, 700 g Zwetschen,
75 g Mandelsplitter

Butter mit Zucker, Zitronenschale, Salz und Vanille schaumig rühren. Eigelb nacheinander unterrühren. Eßlöffelweise Quark und Milch untermischen. Eiweiß steif schlagen und auf den Quarkteig geben. Grieß darüberstreuen. Alles vorsichtig vermischen. Die Hälfte des Teiges in einer ofenfesten Form mit hohem Rand glattstreichen. Halbierte Zwetschen darauf verteilen und mit dem Rest des Teiges bedecken. Mandeln darüberstreuen. Form in den kalten Backofen (untere Schiene) stellen. Ofen auf 180 Grad (Umluft 160 Grad, Gas Stufe 2) schalten, Auflauf etwa eine Stunde backen. ◤ Pro Portion 29 g Eiweiß, 38 g Fett, 51 g Kohlenhydrate, 3 g Ballaststoffe, 670 Kalorien

Haferflockenschmarren

FÜR 4 PORTIONEN

400 g blütenzarte Haferflocken,
1/2 l Milch, 50 g Rosinen, 1 Prise Salz,
abgeriebene Zitronenschale, 3 Eier,
3 Eßl. Öl, 1 Eßl. Zucker,
1 Teel. Zimtpulver

Haferflocken mit warmer Milch übergießen und zugedeckt 20 Minuten ziehen lassen. Rosinen, Salz, Zitronenschale und Eier untermischen. Die Hälfte des Öls erhitzen, die Hälfte des Teiges hineingeben und zugedeckt bei kleiner bis mittlerer Hitze etwa zehn Minuten backen. Wenden, mit einer Gabel in Stücke teilen und unter ständigem Wenden knusprig rösten. Mit Zucker und Zimt bestreuen. Den restlichen Teig ebenso backen. ◤ Dazu: Apfelkompott ◤ Pro Portion 23 g Eiweiß, 26 g Fett, 82 g Kohlenhydrate, 7 g Ballaststoffe, 651 Kalorien

Pfirsichauflauf

FÜR 6 PORTIONEN — FOTO

4 Eier, 3/8 l Milch, 1 Prise Salz,
1/2 Zitrone, 100 g Zucker,
100 Butter, 375 g Mehl,
2 Teel. Backpulver,
1 Teel. Zimtpulver,
50 g gemahlene Nußkerne,
4 Pfirsiche (etwa 600 g)

Eigelb mit Milch, Salz, abgeriebener Zitronenschale, etwa zwei Drittel des Zuckers und der zerlassenenen Butter verrühren. Eiweiß steif schlagen und daraufgeben. Mehl mit Backpulver, Zimt und Nüssen vermischen, auf den Eischnee streuen. Alles verrühren und in eine ofenfeste Form mit hohem Rand füllen. Pfirsiche abziehen, halbieren und auf den Teig legen. Mit Zitronensaft beträufeln, mit dem restlichen Zucker bestreuen. Form in den kalten Backofen (untere Schiene) schieben. Auflauf etwa 1 Stunde und 15 Minuten backen, dabei nach etwa 45 Minuten mit Pergamentpapier abdecken. Pro Portion 15 g Eiweiß, 26 g Fett, 76 g Kohlenhydrate, 3 g Ballaststoffe, 600 Kalorien

Überbackene Äpfel

FÜR 4 PORTIONEN

500 g säuerliche Äpfel,
100 g Zucker,
250 g Mehl, 1/2 l Buttermilch,
1 Prise Salz, 3 Eier

Äpfel vierteln, schälen, vom Kerngehäuse befreien und in eine ofenfeste Form mit niedrigem Rand legen. Zucker darüberstreuen. Mehl mit Buttermilch, Salz und Eiern verrühren und über die Äpfel geben. Form in den kalten Backofen (mittlere Schiene) stellen. Äpfel bei 200 Grad (Umluft 180 Grad, Gas Stufe 3) etwa 30 Minuten backen, bis die Oberfläche gebräunt ist. Pro Portion 13 g Eiweiß, 6 g Fett, 86 g Kohlenhydrate, 4 g Ballaststoffe, 444 Kalorien

Getreidegrütze

FÜR 3 PORTIONEN

100 g Bulgur (siehe Tip Seite 90),
400 ccm Milch, 1 Prise Salz,
abgeriebene Zitronenschale,
50 g Zucker, 1-2 Teel. Zimtpulver,
50 g Rosinen, 50 g gehackte Nußkerne,
100 g Schlagsahne

Bulgur mit Milch, Salz und Zitronenschale aufkochen und zugedeckt bei kleinster Hitze etwa 20 Minuten garen. Dabei mehrmals umrühren. Auf Tellern verteilen, Zucker, Zimt, Rosinen und Nüsse darübergeben. Unmittelbar vor dem Servieren mit Sahne übergießen.

Pro Portion 11 g Eiweiß, 16 g Fett, 68 g Kohlenhydrate, 6 g Ballaststoffe, 516 Kalorien

Reisklöße mit Zwetschen

FÜR 5 PORTIONEN

300 g Rundkornreis, 1/2 l Milch,
100 g Zucker, abgeriebene Zitronenschale,
1 Prise Salz, 100 g Weizenvollkornmehl,
2 Eier, 10 Zwetschen, 50 g Butter,
50 g Paniermehl, 2 Teel. Zimtpulver

Reis mit Milch, einem Eßlöffel Zucker, Zitronenschale und Salz aufkochen und zugedeckt bei kleinster Hitze etwa 30 Minuten garen, bis die Körner sehr weich sind und alle Flüssigkeit aufgesogen haben. Abgekühlt mit Mehl und Eiern vermischen. Zwetschen waschen, halbieren und entsteinen. Mit nassen Händen aus dem Reisteig zehn Klöße formen. Jeden Kloß mit einer Zwetsche füllen. Klöße in reichlich sprudelnd kochendes Salzwasser geben. Temperatur sofort zurückschalten. Klöße bei kleiner Hitze knapp unter dem Siedepunkt in etwa 30 Minuten gar ziehen lassen. Inzwischen Butter zerlassen. Paniermehl zugeben und leicht bräunen. Restlichen Zucker mit Zimt mischen. Klöße mit einem Schaumlöffel aus dem Wasser nehmen und auf heißen Tellern anrichten. Zuerst die Butter, dann den Zimtzucker über den Klößen verteilen.

Pro Portion 14 g Eiweiß, 15 g Fett, 94 g Kohlenhydrate, 4 g Ballaststoffe, 570 Kalorien

Bayerische Semmelnudeln

FÜR 3 PORTIONEN

3 Vollkornbrötchen (etwa 150 g),
3/8 l Milch, 2 Eier, 25 g Zucker,
1 Messerspitze gemahlene Vanille,
1 Prise Salz

Vollkornbrötchen halbieren und nebeneinander in eine ofenfeste Form mit niedrigem Rand legen. Milch mit Eiern, Zucker, Vanille und Salz verquirlen und darübergießen. Die Brötchen 30 Minuten ziehen lassen, dabei mehrmals wenden. Form in den kalten Backofen (mittlere Schiene) stellen. Ofen auf 180 Grad (Umluft 160 Grad, Gas Stufe 2) schalten und die Nudeln etwa 40 Minuten backen, bis sie eine hellbraune Kruste haben. ◤ Dazu: Obstsalat (Rezept Seite 135) oder Kompott ◤ Pro Portion 19 g Eiweiß, 14 g Fett, 52 g Kohlenhydrate, 5 g Ballaststoffe, 408 Kalorien

Milchreis mit Nektarinen

FÜR 2 PORTIONEN

125 g Rundkornreis, 300 ccm Milch,
1 Prise Salz, abgeriebene Schale von einer unbehandelten Zitrone, 50 g Schlagsahne,
1 Eßl. Honig, 300 g Nektarinen,
1/2 Glas ungesüßtes Preiselbeerkompott (etwa 180 g), 50 g gehackte Nußkerne

Reis mit Milch, Salz und Zitronenschale aufkochen und zugedeckt bei kleinster Hitze in 30 bis 40 Minuten ausquellen lassen. Heiß mit Schlagsahne und Honig mischen und auf Tellern verteilen. Nektarinen waschen, entsteinen und in Stücke schneiden. Mit dem Preiselbeerkompott und den Nußkernen auf dem Reis verteilen. ◤ Pro Portion 13 g Eiweiß, 14 g Fett, 106 g Kohlenhydrate, 8 g Ballaststoffe, 685 Kalorien

8/Desserts und Müslis

Fruchtsalat mit Vanillesoße
(Rezept Seite 134)

Fruchtsalat mit Vanillesoße

FÜR 6 PORTIONEN — FOTO SEITE 132/133

50 g Vanilleeis,
2 Scheiben Pumpernickel (120 g),
1 Eßl. Butter, 75 g Zucker,
2 Pfirsiche (etwa 250 g),
250 g Johannisbeeren,
50 g Halbbitterschokolade,
50 g Mandelstifte,
200 g Schlagsahne

Vanilleeis antauen lassen. Pumpernickel fein zerbröckeln. In der heißen Butter bei kleiner Hitze unter Rühren knusprig rösten. Mit einem Teelöffel Zucker mischen. Pfirsiche abziehen und in Schnitze teilen, Beeren abzupfen. Obst mit dem restlichen Zucker vermischen. Pumpernickel, Obst, geraspelte Schokolade und Mandeln in einer Schüssel locker mischen. Sahne steif schlagen, mit dem Eis mischen und über den Salat geben. Pro Portion 5 g Eiweiß, 20 g Fett, 36 g Kohlenhydrate, 4 g Ballaststoffe, 347 Kalorien

Beerencreme

FÜR 4 PORTIONEN

1 Paket gemischte Tiefkühl-Beeren (300 g),
50 g Zucker,
200 g Schlagsahne,
1 Eßl. Schokostreusel

Beeren mit Zucker und Sahne im Mixer pürieren. In hohe Gläser geben, mit den Schokostreuseln bestreuen und sofort servieren. Pro Portion 2 g Eiweiß, 16 g Fett, 21 g Kohlenhydrate, 3 g Ballaststoffe, 255 Kalorien

Zwetschengrütze mit Vanillesahne

FÜR 4 PORTIONEN

600 g Zwetschen,
1 Stück Zitronenschale, 50 g Zucker,
350 ccm ungesüßter roter Fruchtsaft,
1 Eßl. Speisestärke, 200 g Schlagsahne,
1 Teel. Honig,
1/4 Teel. gemahlene Vanille

Zwetschen waschen, entsteinen und in Stücke schneiden. Mit Zitronenschale, Zucker und etwa Dreiviertel des Saftes aufkochen. Restlichen Saft mit Speisestärke verrühren, unter die Grütze mischen und etwa drei Minuten kochen lassen. Grütze zugedeckt mindestens drei Stunden kühlen. Zitronenschale entfernen. Sahne schlagen, bis sie dickflüssig ist. Honig und Vanille untermischen. Zur Grütze servieren. Pro Portion 2 g Eiweiß, 16 g Fett, 46 g Kohlenhydrate, 2 g Ballaststoffe, 334 Kalorien

Obstsalat

FÜR 3 PORTIONEN

2 kleine Äpfel (etwa 160 g),
1 Banane (etwa 200 g),
1 Orange (etwa 180 g), 1 Kiwi,
30 g Korinthen,
1 Eßl. gehackte Erdnußkerne,
1/2 Eßl. Zucker,
2 Eßl. Schlagsahne

Obst schälen und zerkleinern. Mit Korinthen, Nüssen, Zucker und Sahne mischen. Zu Bayerischen Semmelnudeln (Rezept Seite 131) oder Crêpes (Rezept Seite 126) Pro Portion 3 g Eiweiß, 3 g Fett, 43 g Kohlenhydrate, 7 g Ballaststoffe, 203 Kalorien

Feigencreme

FÜR 4 PORTIONEN

2 Dosen Feigen (Einwaage 225 g),
1 Zitrone,
1 Eßl. ungesüßter Sanddornsirup,
200 g Schlagsahne,
4 frische Feigen

Abgetropfte Feigen mit Zitronensaft und Sanddornsirup pürieren. Sahne steif schlagen und unter das Püree ziehen. Zugedeckt in einer Schüssel etwa eine Stunde in das Tiefkühlgerät stellen, bis die Creme leicht gefroren ist. Frische Feigen waschen, in Schnitze teilen und auf der Creme anrichten. Pro Portion 3 g Eiweiß, 16 g Fett, 34 g Kohlenhydrate, 1 g Ballaststoffe, 295 Kalorien

Eiercreme mit Brombeeren

FÜR 4 PORTIONEN

400 g Brombeeren,
75 g Zucker,
eventuell 2 Eßl. Cognac,
1 kleines Ei,
2 Eßl. Zitronensaft

Brombeeren verlesen und auf vier Tellern verteilen. Mit etwa zwei Drittel des Zuckers bestreuen und nach Wunsch mit Cognac beträufeln. Ei mit Zitronensaft und restlichem Zucker in einer Schüssel verrühren. Schüssel in einen Topf mit heißem Wasser stellen. Ei mit den Quirlen des Handrührgerätes zu einer dicken Creme aufschlagen. Über den Beeren verteilen und sofort servieren. Pro Portion 3 g Eiweiß, 4 g Fett, 28 g Kohlenhydrate, 0,5 g Ballaststoffe, 155 Kalorien

Flockenmüsli

FÜR 2 PORTIONEN

100 g kernige Haferflocken,
1/4 l Milch, 1 Apfel (etwa 150 g),
1 Banane (etwa 150 g),
50 g Rosinen, 1 Eßl. Honig,
1 Eßl. Zitronensaft, 150 g Joghurt,
1 Eßl. Sonnenblumenkerne

Haferflocken mit Milch mischen und über Nacht zugedeckt im Kühlschrank quellen lassen. Geraspelten Apfel, zerdrückte Banane, Rosinen, Honig, Zitronensaft und Joghurt untermischen. Mit Sonnenblumenkernen bestreuen. ◤ Pro Portion 17 g Eiweiß, 14 g Fett, 86 g Kohlenhydrate, 9 g Ballaststoffe, 533 Kalorien

Pistazieneis

FÜR 4 PORTIONEN

2 Eier, 1/2 Teel. gemahlene Vanille,
abgeriebene Zitronenschale,
50 g Zucker, 250 g Schlagsahne,
100 g ungesalzene Pistazienkerne

Eier, Vanille, Zitronenschale und Zucker mit den Quirlen des Handrührgerätes auf höchster Schaltstufe zu einer dicken Creme aufschlagen. Sahne steif schlagen, Pistazien fein mahlen. Beides unter die Eiercreme mischen. Zugedeckt ins Gefriergerät oder Gefrierfach des Kühlschranks stellen und in etwa vier Stunden fest werden lassen. Dabei alle 30 Minuten kräftig durchrühren, damit sich die Pistazien gut verteilen und das Eis cremig wird. ◤ Dazu: Ananassalat (Rezept Seite 140) ◤ Pro Portion 10 g Eiweiß, 36 g Fett, 20 g Kohlenhydrate, 2 g Ballaststoffe, 435 Kalorien

Erdbeer-Dessert

FÜR 8 PORTIONEN — FOTO

800 g Erdbeeren,
50 g Puderzucker,
4 Eßl. Orangenlikör
(ersatzweise Orangensaft),
2 Eiweiß,
200 g Schlagsahne

Erdbeeren waschen, abzupfen und pürieren. Ein Eßlöffel Puderzucker und Orangenlikör oder -saft unterrühren. Die Hälfte des Pürees in Portionsgläsern verteilen. Eiweiß sehr steif schlagen, restlichen Puderzucker unterschlagen. Sahne ebenfalls steif schlagen. Eischnee und Sahne mit dem Rest des Erdbeerpürees vermischen und auf dem Püree in den Gläsern verteilen. Nach Wunsch vor dem Servieren eine Stunde kühlen. Pro Portion 2 g Eiweiß, 10 g Fett, 14 g Kohlenhydrate, 1 g Ballaststoffe, 155 Kalorien

Schrotmüsli mit Obst

FÜR 4 PORTIONEN

80 g Sechskorngetreide,
300 g Buttermilch, 500 g Pfisiche,
Zwetschen und Birnen gemischt,
100 g Schlagsahne, 50 g Honig,
25 g Nußkerne

Getreide grob schroten, mit Buttermilch verrühren und zugedeckt im Kühlschrank über Nacht quellen lassen. Obst zerkleinern, Sahne steif schlagen. Beide Zutaten und Honig unter den Schrotbrei mischen. Müsli auf Tellern verteilen und mit den Nüssen bestreuen.
Pro Portion 11 g Eiweiß, 22 g Fett, 42 g Kohlenhydrate, 12 g Ballaststoffe, 463 Kalorien

Ananassalat

FÜR 4 PORTIONEN

1 frische Ananas (etwa 700 g),
1 unbehandelte Orange,
4 Datteln, 1/2 Eßl. Honig,
1 Messerspitze Ingwerpulver

Den Schopf der Ananas mit den Blättern großzügig abschneiden. Frucht in fingerdicke Scheiben schneiden. Schale gerade so abschneiden, daß auch die "Warzen" entfernt werden. Scheiben würfeln, dabei den härten Innenteil mitverwenden. Orange schälen und in Stücke schneiden, Saft dabei auffangen. Datteln entkernen und in Streifen schneiden. Ananas, Orange, Saft, Datteln, Honig und Ingwer mischen. Zugedeckt zehn Minuten ziehen lassen. ◤ Dazu: Schlagsahne oder Pistazieneis (Rezept Seite 137) ◤ Pro Portion 1 g Eiweiß, 0,4 g Fett, 30 g Kohlenhydrate, 4 g Ballaststoffe, 128 Kalorien

Quark-Nußcreme mit Kirschen

FÜR 3 PORTIONEN

300 g Kirschen, 100 g Haselnußeis,
250 g Magerquark, 1/2 Zitrone,
50 g Zucker, 100 g Schlagsahne,
1 Eßl. Schokostreusel

Kirschen waschen, abzupfen und nach Wunsch entsteinen. Eis antauen lassen. Quark mit Zitronensaft, reichlich abgeriebener Schale und Zucker verrühren. Steifgeschlagene Sahne, Eis und Kirschen locker untermischen. Auf Dessertschälchen verteilen und mit Schokostreuseln garnieren. ◤ Pro Portion 14 g Eiweiß, 14 g Fett, 40 g Kohlenhydrate, 2 g Ballaststoffe, 340 Kalorien

Früchtekugeln

FÜR 25 STÜCK

125 g gemischte Trockenfrüchte
wie Pflaumen, Feigen,
Korinthen und Aprikosen,
125 g Kokosraspel,
je 1 Messerspitze gemahlene
Vanille und Zimtpulver

Früchte mit 100 Kubikzentimeter Wasser übergießen und zugedeckt über Nacht stehenlassen. Mit dem Einweichwasser im Mixer pürieren. Zwei Drittel der Kokosraspeln, Vanille und Zimt untermischen. Zu etwa walnußgroßen Bällchen formen und in den restlichen Kokosraspeln wälzen. ◤ Halten sich im Kühlschrank etwa fünf Tage ◤ Pro Stück 0,3 g Eiweiß, 3 g Fett, 1 g Kohlenhydrate, 1 g Ballaststoffe, 44 Kalorien

Buttermilch mit Obst

FÜR 4 PORTIONEN

500 g Buttermilch, 1 Eßl. Honig,
1 Banane (etwa 150 g),
1 kleiner Pfirsich (etwa 100 g),
100 g Erdbeeren,
1 Eßl. blütenzarte Haferflocken,
1 Eßl. gehackte Nußkerne

Buttermilch, Honig, geschälte Banane, gewaschenen, entsteinten Pfirsich, Erdbeeren und Haferflocken im Blitzhacker pürieren. In Sektschalen verteilen und mit den Nüssen bestreuen. ◤ Pro Portion 7 g Eiweiß, 9 g Fett, 21 g Kohlenhydrate, 3 g Ballaststoffe, 125 Kalorien

Bananenkuchen (Rezept Seite 144)

9/ Backen

Bananenkuchen

FÜR 15 STÜCKE — FOTO SEITE 142/143

4 Bananen (etwa 700 g), 1 Zitrone,
150 g Butter, 50 g Zucker, 1 Prise Salz,
1 Teel. gemahlene Vanille,
1/2 Teel. Lebkuchengewürz,
1 Messerspitze gemahlene Nelken,
4 Eier, 250 g Weizenvollkornmehl,
40 g gehackte Mandeln, 2 Teel. Backpulver,
je 1 Teel. Kokosraspel und
gehackte Mandeln zum Bestreuen,
je 1 Eßl. Honig und Butter zum Bestreichen,
Fett für die Form

Drei Bananen schälen, zerdrücken und mit etwa zwei Drittel des Zitronensaftes mischen. Weiche Butter mit Zucker, Salz, Vanille, Lebkuchengewürz und Nelken schaumig rühren, bis der Zucker nicht mehr knirscht. Nacheinander die Eier, dann eßlöffelweise das Bananenmus untermischen. Mehl mit Mandeln und Backpulver gemischt unterrühren, bis sich alles miteinander verbunden hat. Teig in einer gefetteten Kastenform von 25 Zentimeter Länge glattstreichen. Restliche Banane schälen, in Scheiben schneiden, auf den Kuchen legen und mit dem Rest des Zitronensaftes beträufeln. Form in den kalten Backofen (untere Schiene) stellen. Ofen auf 200 Grad (Umluft 180 Grad, Gas Stufe 3) schalten. Kuchen 40 Minuten backen. Kokosraspel und gehackte Mandeln darüberstreuen und weitere zehn Minuten backen. Herausnehmen und nach zehn Minuten aus der Form lösen. Honig und Butter bei kleiner Hitze flüssig werden lassen. Heißen Kuchen damit bestreichen. Pro Stück 5 g Eiweiß, 13 g Fett, 24 g Kohlenhydrate, 3 g Ballaststoffe, 234 Kalorien

ECHTE VANILLE ZUM WÜRZEN
Gemahlene Vanille gibt es in Reformhäusern. Sie wird aus Vanilleschoten hergestellt und schmeckt deshalb ebenso aromatisch wie die Schoten, läßt sich aber viel einfacher dosieren. Mit echter Vanille gewürzten Vanillezucker gibt es im Supermarkt zu kaufen. Sie erkennen ihn an den schwarzen Pünktchen - im Gegensatz zum rein weißen, künstlich aromatisierten Vanillinzucker.

Rhabarberkuchen

FÜR 20 STÜCKE

500 g Weizenvollkornmehl,
250 g Butter, 300 g Zucker, Salz,
abgeriebene Zitronenschale,
1,5 kg Rhabarber, 5 Eier,
100 g gemahlene Nußkerne,
1/2 Teel. gemahlene Vanille,
1/4 l Milch, 250 g Schlagsahne

Für den Teig Mehl, weiche Butter, die Hälfte des Zuckers, vier Eßlöffel Wasser, Salz und Zitronenschale mit den Knethaken des Handrührgerätes mischen. Mit den Händen auf der Arbeitsfläche zu einem glatten Teig verkneten. Wenn der Teig zu trocken ist, noch etwas kaltes Wasser unterkneten. Ein Backblech damit auslegen und rundherum einen etwa zwei Zentimeter hohen Rand formen. Teigboden etwa eine Stunde kühlen. Rhabarber waschen und in fingerbreite Stücke schneiden. Mit dem restlichen Zucker vermischen und zugedeckt etwa 30 Minuten ziehen lassen. Blech in den kalten Backofen (mittlere Schiene) schieben. Ofen auf 200 Grad (Umluft 180 Grad, Gas Stufe 3) schalten. Teigboden zehn Minuten vorbacken. Inzwischen für den Sahneguß Eigelb mit Nüssen, Vanille, Milch und Sahne verrühren. Steifgeschlagenes Eiweiß unterziehen. Abgetropften Rhabarber auf dem vorgebackenen Teigboden verteilen. Sahneguß darauf glattstreichen. Blech wieder in den Ofen schieben. Den Kuchen bei 180 Grad (Umluft 160 Grad, Gas Stufe 2) in etwa 45 Minuten fertigbacken.

Pro Stück 6 g Eiweiß, 20 g Fett, 33 g Kohlenhydrate, 5 g Ballaststoffe, 336 Kalorien

Kirschkuchen

FÜR 16 STÜCKE — FOTO

250 g Kirschen, 4 Eier,
300 g saure Sahne,
200 g Crème fraîche, 50 g Zucker,
1 Messerspitze Zimtpulver,
50 g Speisestärke,
40 g Mandelstifte

Kirschen waschen, abzupfen, entsteinen und in eine ofenfeste Form mit niedrigem Rand geben. Eigelb mit Sahne, Crème fraîche, Zucker und Zimt verrühren. Eiweiß steif schlagen und daraufgeben. Speisestärke darübersieben. Alles mischen und über den Kirschen verteilen. Mit Mandeln bestreuen. Form in den kalten Backofen (mittlere Schiene) stellen. Ofen auf 200 Grad (Umluft 180 Grad, Gas Stufe 3) schalten. Kuchen etwa 50 Minuten backen. Lauwarm servieren. ◤ Pro Stück 3 g Eiweiß, 13 g Fett, 6 g Kohlenhydrate, 1 g Ballaststoffe, 136 Kalorien

Zwetschenrolle

FÜR 8 STÜCKE

1 Paket Tiefkühl-Blätterteig mit Vollkornmehl (300 g),
Mehl zum Ausrollen, 400 g Zwetschen,
50 g Zucker, 1 Teel. Zimtpulver,
50 g Crème fraîche, 50 g Nußkerne,
50 g Zwieback,
1 Eigelb zum Bestreichen

Aufgetaute Teigplatten aufeinanderlegen und auf Mehl dünn ausrollen. Zwetschen waschen und in Stücke schneiden. Mit Zucker, Zimt, Crème fraîche, gehackten Nüssen und fein zerbröckeltem Zwieback mischen und auf die Teigplatte geben. Rundherum am Rand jeweils etwa drei Zentimeter frei lassen. Platte aufrollen, auf ein kalt abgepültes Backblech legen und mit Eigelb bestreichen. In den kalten Backofen (mittlere Schiene) schieben. Ofen auf 220 Grad (Umluft 200 Grad, Gas Stufe 5) schalten. Rolle etwa 30 Minuten backen. ◤ Pro Stück 11 g Eiweiß, 25 g Fett, 40 g Kohlenhydrate, 3 g Ballaststoffe, 400 Kalorien

Obstkuchen mit Quark

FÜR 12 STÜCKE

250 g Mehl, 1 Prise Salz, 125 g Butter,
100 g Zucker, 1 Zitrone,
3 säuerliche Äpfel (etwa 350 g),
2 Bananen (etwa 300 g),
250 g Magerquark, 4 Eier,
150 g Joghurt (10 %), 100 g Rosinen,
100 g Nußkerne, 50 g Reis,
1/2 Teel. Backpulver

Für den Teig Mehl, Salz, weiche Butter, die Hälfte des Zuckers, etwas abgeriebene Zitronenschale und zwei bis drei Eßlöffel Wasser mit den Knethaken des Handrührgerätes vermischen, bis die Masse krümelig ist. Mit den Händen auf der Arbeitsfläche zu einem geschmeidigen Teig verkneten. Wenn der Teig zu trocken ist, noch etwas kaltes Wasser unterkneten. Springform von 26 Zentimeter Durchmesser damit auslegen und einen drei Zentimeter hohen Rand formen. Teigboden mit einer Gabel mehrmals einstechen und eine Stunde kühlen. Form in den kalten Backofen (mittlere Schiene) stellen. Teigboden bei 180 Grad (Umluft 160 Grad, Gas Stufe 2) 15 Minuten vorbacken. Für den Belag Äpfel schälen und raspeln, Bananen zerdrücken. Obst mit Quark, Eigelb, restlichem Zucker, abgeriebener Zitronenschale und dem Saft der Zitrone, Joghurt und Rosinen vermischen. Nüsse und Reis fein mahlen, Eiweiß zu steifem Schnee schlagen. Eischnee auf die Quarkcreme geben. Nüsse, Reismehl und Backpulver mischen und auf den Eischnee streuen. Alles mischen und auf dem Teigboden glattstreichen. Kuchen bei 160 Grad (Umluft 150 Grad, Gas Stufe 2) 1 Stunde und 15 Minuten backen. Dabei gegebenenfalls mit Pergamentpapier abdecken, damit er nicht zu dunkel wird. Kuchen weitere 15 Minuten im abgeschalteten Backofen stehenlassen. Herausnehmen und auf einem Kuchengitter abkühlen lassen. Pro Stück 9 g Eiweiß, 18 g Fett, 38 g Kohlenhydrate, 2 g Ballaststoffe, 346 Kalorien

Aprikosentorte

FÜR 12 STÜCKE

150 g Weizenvollkornmehl, 50 g Zucker,
1 Prise Salz, abgeriebene Zitronenschale,
75 g Butter, 700 g Aprikosen,
2 Eßl. trockener Weißwein (ersatzweise je 1 Eßl. Apfel- und Zitronensaft),
1 Eßl. Honig, 200 g Schlagsahne,
50 g Schokostreusel

Für den Teig Mehl, Zucker, Salz, Zitronenschale, weiche Butter und zwei Eßlöffel Wasser in einer Schüssel mit den Knethaken des Handrührgerätes vermischen, bis die Masse krümelig ist. Alles mit den Händen zu einem glatten Teig zusammenkneten. Wenn der Teig zu trocken ist, ein bis zwei Eßlöffel Wasser unterkneten. Springform von 26 Zentimeter Durchmesser mit dem Teig auslegen, dabei rundherum einen etwa drei Zentimeter hohen Rand hochdrücken. Teig eine Stunde kühlen. Teigboden mit Pergamentpapier abdecken. Darauf eine Lage getrocknete Hülsenfrüchte wie Bohnen oder Erbsen geben, damit der Kuchenboden beim Backen flach bleibt. Die Form in den kalten Backofen (mittlere Schiene) stellen. Ofen auf 180 Grad (Umluft 160 Grad, Gas Stufe 2) schalten. Kuchenboden etwa 40 Minuten backen, bis er braun und knusprig ist. Herausnehmen, Pergament mit Hülsenfrüchten entfernen und den Kuchenboden abkühlen lassen. Aprikosen mit kochendem Wasser übergießen, kurz darin ziehen lassen, kalt abschrecken, abziehen, in Stücke schneiden und dabei entsteinen. Mit Wein aufkochen und zugedeckt bei kleiner Hitze fünf Minuten dünsten. Erkaltet mit Honig und steifgeschlagener Sahne mischen und auf dem Kuchenboden verteilen. Schokostreusel darüberstreuen. Pro Stück 3 g Eiweiß, 12 g Fett, 22 g Kohlenhydrate, 3 g Ballaststoffe, 190 Kalorien

Erdbeer-Käsetorte

FÜR 16 STÜCKE — FOTO

Teig: 250 g Mehl, 50 g Zucker,
1 Teel. Vanillezucker, 1 Prise Salz,
125 g Butter, 1 Ei; Füllung:
50 g Butter, 3 Eier, 100 g Zucker,
1 Zitrone, 750 g Schichtkäse,
150 g saure Sahne,
2 Päckchen Vanille-Puddingpulver,
300 g Erdbeeren

Mehl, Zucker, Vanillezucker, Salz, weiche Butter und Ei mit den Knethaken des Handrührgerätes vermischen und mit den Händen zu einem glatten Mürbeteig verkneten. Springform von 26 Zentimeter Durchmesser mit dem Teig auskleiden, dabei einen etwa vier Zentimeter hohen Rand formen. Teigboden mit einer Gabel mehrmals einstechen und eine Stunde kühlen. Form in den kalten Backofen (mittlere Schiene) stellen. Ofen auf 200 Grad (Umluft 180 Grad, Gas Stufe 3) schalten. Teigboden 25 Minuten vorbacken. Inzwischen die Füllung zubereiten: weiche Butter mit Eigelb, Zucker, abgeriebener Zitronenschale und zwei Eßlöffel Zitronensaft verrühren. Schichtkäse und saure Sahne untermischen. Zwei Eiweiß zu Schnee schlagen und auf die Käsecreme geben. Puddingpulver darüberstreuen. Alles mit einem Schneebesen vermischen. Teigboden mit dem restlichen Eiweiß bestreichen. Erdbeeren waschen, abzupfen, halbieren und auf den Kuchenboden geben. Käsecreme darüber glattstreichen. Torte wieder in den Backofen (untere Schiene) stellen. Bei 175 Grad (Umluft 150 Grad, Gas Stufe 2) etwa 1 Stunde und 15 Minuten backen. Nach 45 Minuten mit Pergamentpapier abdecken. Torte weitere 15 Minuten im ausgeschalteten Ofen stehenlassen. Herausnehmen, nach etwa 15 Minuten aus der Form lösen und auf einem Kuchengitter abkühlen lassen. Nach Wunsch mit Erdbeeren garnieren. Pro Stück 10 g Eiweiß, 13 g Fett, 23 g Kohlenhydrate, 1 g Ballaststoffe, 250 Kalorien

Griechischer Spinatkuchen

FÜR 6 PORTIONEN — FOTO

2 Pakete Tiefkühlblätterteig (600 g),
500 g Spinat, 2 Lauchzwiebeln,
1 Eßl. Olivenöl, Salz,
frisch gemahlener weißer Pfeffer,
Muskat, 300 g griechischer Schafkäse,
4 Eier, 1 Bund Petersilie,
50 g Butterschmalz, 1/8 l Milch,
50 g Sesamsamen

Blätterteigplatten nebeneinanderlegen und auftauen lassen. Spinat verlesen, waschen und tropfnaß in einen Topf geben. Bei großer Hitze drei Minuten zugedeckt garen. Auf einem Sieb abtropfen lassen. Lauchzwiebeln putzen, waschen und in dünne Ringe schneiden. Öl erhitzen. Zwiebeln und Spinat darin bei mittlerer Hitze etwa zwei Minuten schmoren. Mit Salz, Pfeffer und Muskat würzen und lauwarm abkühlen lassen. Fein zerkrümelten Schafkäse, Eier und gehackte Petersilie untermischen. Butterschmalz zerlassen. Eine möglichst rechteckige, ofenfeste Form von etwa 20 mal 30 Zentimeter mit Butterschmalz fetten. Blätterteigplatten einzeln hauchdünn ausrollen und auf die Größe der Form zuschneiden. Zwei Drittel der Teigplatten übereinander in die Form legen und dabei jeweils mit etwas Fett bestreichen. Spinatfüllung darauf glattstreichen und mit den restlichen Blätterteigplatten abdecken. Auch diese jeweils mit Butterschmalz bestreichen. Kuchen in Portionsstücke schneiden, mit Milch beträufeln und mit Sesam bestreuen. Form in den kalten Backofen schieben. Ofen auf 200 Grad (Umluft 180 Grad, Gas Stufe 3) schalten. Kuchen etwa 40 Minuten backen, bis er oben schön braun ist. Lauwarm oder kalt servieren. ◤ Dazu: Tomaten- oder Gurkensalat ◤ Pro Portion 23 g Eiweiß, 53 g Fett, 44 g Kohlenhydrate, 4 g Ballaststoffe, 714 Kalorien

Tomatenkuchen

FÜR 8 STÜCKE

250 g Weizenvollkornmehl, Salz,
125 g Butter, 2 Kartoffeln (etwa 280 g),
1 Lauchzwiebel, 1 Zweig Salbei,
200 g Magerjoghurt, 150 g Schlagsahne,
100 g frisch geriebener Käse,
frisch gemahlener schwarzer Pfeffer,
400 g Tomaten

Für den Teig Mehl, Salz, weiche Butter und drei bis vier Eßlöffel kaltes Wasser zu einem geschmeidigen Teig verkneten. Eine Springform von 26 Zentimeter Durchmesser damit auslegen, dabei einen drei Zentimeter hohen Rand formen. Teig mit einer Gabel einige Male einstechen und etwa eine Stunde kühlen. Kartoffeln schälen, waschen und fein raspeln. Zwiebel putzen, waschen und fein zerkleinern. Die Salbeiblättchen hacken. Alles mit Joghurt, Sahne und Käse vermischen. Mit Salz und Pfeffer würzen und auf dem Teigboden glattstreichen. Tomaten abziehen, würfeln und darauf verteilen. Mit Salz und Pfeffer würzen. Form in den kalten Backofen (mittlere Schiene) stellen. Ofen auf 200 Grad (Umluft 180 Grad, Gas Stufe 3) schalten. Kuchen eine Stunde backen. Lauwarm servieren. ◤ Dazu: gemischter Salat ◤ Pro Stück 10 g Eiweiß, 23 g Fett, 28 g Kohlenhydrate, 5 g Ballaststoffe, 360 Kalorien

WELCHE TOMATEN FÜR WELCHEN ZWECK? Für Salate und aufs Butterbrot können Sie alle Sorten verwenden: die runden, mittelgroßen Tomaten, die großen, unregelmäßig geformten Fleischtomaten und die länglichen Flaschentomaten - auch Peretti- oder Eiertomaten genannt. Für Suppen und Saucen eignen sich: runde Tomaten, geschälte ganze und gehackte Tomaten aus der Dose, Tomatenpüree im Tetrapack. Zum Backen von herzhaften Kuchen und Quiches nehmen Sie am besten Flaschentomaten oder Fleischtomaten; diese Sorten enthalten weniger Flüssigkeit, so daß der Kuchen zwar saftig, aber nicht zu weich wird.

Gemüsekuchen mit Sahneguß

FÜR 20 STÜCKE

400 g Weizenmehl (Type 1050), Salz,
2 Eier, 150 g Magerjoghurt, 3 Eßl. Olivenöl,
250 g Lauchzwiebeln, 100 g Zuckerschoten,
2 Zwiebeln (etwa 125 g), 2 Knoblauchzehen,
2 Eßl. Öl, 1/2 Teel. gemahlener Koriander,
Cayennepfeffer, Muskat, 2 Bund Petersilie,
150 g frisch geriebener Käse,
300 g Schlagsahne, Fett für das Blech

Für den Teig Mehl mit Salz, einem Ei, Joghurt, Öl und ein bis zwei Eßlöffel Wasser zu einem geschmeidigen Teig verkneten. In Pergamentpapier gewickelt ruhenlassen, bis der Belag fertig ist. Lauchzwiebeln putzen, waschen und in feine Ringe schneiden. Zuckerschoten waschen und putzen, abgezogene Zwiebeln und Knoblauch hacken. Öl erhitzen, Lauchzwiebeln, Zuckerschoten, Zwiebeln und Knoblauch darin bei mittlerer bis kleiner Hitze unter Rühren braten, bis die Zuckerschoten intensiv grün gefärbt sind. Etwas abgekühlt mit Salz, Koriander, Cayennepfeffer, Muskat, gehackter Petersilie, Käse, dem zweiten Ei und Sahne vermischen. Teig auf einem gefetteten Backblech ausrollen. Rundherum einen etwa zwei Zentimeter hohen Rand formen. Belag auf dem Teigbloden verteilen. Blech in den kalten Backofen (mittlere Schiene) schieben. Ofen auf 180 Grad (Umluft 160 Grad, Gas Stufe 3) schalten. Kuchen 30 bis 40 Minuten backen, bis der Belag fest, aber noch saftig ist. Lauwarm oder kalt servieren.

Pro Stück 6 g Eiweiß, 11 g Fett, 16 g Kohlenhydrate, 2 g Ballaststoffe, 186 Kalorien

Brigitte Fleischlos glücklich

Brigitte

Fleischlos glücklich

NEUE REZEPTE

VON BARBARA RIAS-BUCHER

Ein Brigitte-Buch
im Mosaik Verlag

Barbara Rias-Bucher
geboren 1948 in München, ist seit ihrer Promotion 1976 freie Food-Journalistin. Seit Jahren arbeitet sie auf den Spezialgebieten der vegetarischen und vollwertigen Ernährung. Sie hat eine Reihe von Büchern zu diesen Themenbereichen veröffentlicht. Als Brigitte-Bücher sind zum Beispiel erschienen "Vollwert-Menüs", "Vollwert-Diät" und das Grundkochbuch "Vollwert. Jeden Tag!"

Fotos: Ortwin Möller (Titel), Heino Banderob (11),
Wulf Brackrock (2), Achim Deimling (9),
Birgit Klemt (1), Ortwin Möller (7), Christel Rosenfeld (1),
Hans Joachim Schmidt (4), Hajo Willig (2)
Gestaltung: Dietmar Meyer, Rainer Sennewald

Herausgeberin: Anne Volk
Lektorat: Marita Heinz
Versuchsküche: Gertrud Röser, Ursula Schinharl
Produktion: Bernd Bartmann, Druckzentrale G + J
Satz & Illustration: Rainer Sennewald, Ratjendorf
Lithografie: eichenberg repro + satz
Druck: Mohndruck, Graphische Betriebe Gütersloh

Gruner + Jahr AG & Co, Hamburg 54321
Printed in Germany
ISBN 3-576-03198-7

Inhalt

Wer weniger Fleisch ißt, lebt gesünder

Menschen, die wenig Fleisch essen, leiden seltener an Herz- und Kreislauferkrankungen, weil sie kaum besonders salzhaltige Lebensmittel wie zum Beispiel Schinken, Wurstwaren oder Räucherfisch essen. Ihre Blutfettwerte sind deutlich niedriger, denn bei vegetarischer oder vollwertiger Ernährung bekommt man weniger tierisches Fett, dafür aber mehr Pflanzenöle mit günstiger Fettsäurenzusammensetzung. Gicht kommt bei Vegetariern so gut wie nicht vor, weil sie keine stark purinhaltigen Lebensmittel wie Fleisch und Wurstwaren essen. In pflanzlichen Lebensmitteln spielen Purine kaum eine Rolle. Krebserkrankungen des Verdauungstraktes treten seltener auf, denn fettarme, aber ballaststoff- und vitaminreiche Kost scheint vorbeugend – nicht heilend! – zu wirken.

Kein Wunder, daß immer mehr Menschen fleischlos glücklich leben. Manche ganz und aus Überzeugung. Manche folgen sogar einer extremen Richtung, lehnen Eier oder alle tierischen Lebensmittel ab. Einige haben mißverstanden, was vegetarisch essen heißt, und meiden zwar Fleisch, ernähren sich aber ungesund: vor allem mit Süßigkeiten und Kuchen.

Dieses Buch wendet sich nicht an "extreme" Vegetarier oder Pseudo-Vegetarier. Sondern an Sie alle, die Sie immer wieder mal auf Fleisch verzichten wollen. Wie oft, bleibt ganz allein Ihnen überlassen. Wir empfehlen Ihnen auch keine bestimmten Lebensmittel als besonders "gesund". Sie sollen selbst wählen, was Sie am liebsten mögen. Schön wäre natürlich, wenn Sie Lust bekämen, auch mal etwas Neues auszuprobieren – zum Beispiel Tofu, verschiedene kaltgepreßte Öle oder unbekanntere Getreidesorten wie Bulgur, Grünkern und Hirse. Selbstverständlich müssen Sie sich keinerlei Gedanken über eine sinnvolle Nährstoffkombination machen. Das haben wir bereits für Sie getan: in der Zusammenstellung der Zutaten und in den Vorschlägen für Beilagen im Anschluß an fast jedes Rezept.

Fleischlos essen macht schlank

Das ist inzwischen wissenschaftlich abgesichert. Die Gründe dafür sind ziemlich einfach: Wer selten oder nie Fleisch und Wurstwaren ißt, verzehrt viel weniger Fett. Statt dessen essen Vegetarier mehr Lebensmittel, die zwar viel Volumen, aber wenige Kalorien haben: Gemüse und Salat, Obst und Kartoffeln, Hülsenfrüchte, Nudeln und

Vollkornbrot. Dadurch kommen sie auf durchschnittlich 1000 Kalorien weniger pro Tag – gemessen an der Durchschnittsbevölkerung. Vegetarische oder vollwertige Ernährung mit Fleisch in Miniportionen ist also der beste und einfachste Weg zur schlanken Linie.

Fleischlos essen nützt der Umwelt

Früher lagen die Probleme weit weg von unserer Haustür: Es hat uns wenig gekümmert, daß an unsere Schweine und Rinder pflanzliche Lebensmittel verfüttert werden, die aus der Dritten Welt importiert werden – obwohl man sie dort dringend brauchen würde, um den Hunger der Menschen zu lindern. Den knusprigen Schweinebraten und das saftige Steak auf dem Teller konnte uns eben niemand vermiesen. Zum Ausgleich für die Ungerechtigkeit in Sachen Nahrungsmittel haben wir zu Weihnachten eben ein bißchen Geld gespendet.

Inzwischen sind die Probleme aber vor unserer eigenen Haustür gelandet. Massentierhaltung produziert nicht nur allzu oft Skandale, sondern immer eine Menge Mist: Biogas heizt die Atmosphäre auf. Die viele Gülle verdirbt die Böden. Nitrat gelangt ins Trinkwasser.

Und: Die Zerstörung der Regenwälder für noch mehr Anbau- und Weideflächen schadet dem Klima. Wir sind nun doch beunruhigt, wenn wir im Februar nicht mehr Schnee schippen müssen, sondern bei 20 Grad im Schatten Sonnenbaden können. Und wir müssen uns fragen, ob es wirklich sinnvoll ist, für die Erzeugung von einem Kilo Fleisch durchschnittlich sieben Kilo Pflanzen zu vergeuden.

Auch das sind Gründe, öfter fleischlos zu essen.

Weniger oder gar kein Fleisch auf dem Teller ist gewiß nicht die Lösung der vielfältigen Umweltprobleme. Aber es kann manches verbessern. Und: Wer begreift, daß Tiere keine beliebig herstellbaren Produkte, sondern empfindende Lebewesen sind, geht wahrscheinlich mit der gesamten Natur behutsamer um.

Gemüseauflauf mit Tomaten
(Rezept Seite 10)

Kräuterbrot

FÜR 20 STÜCKE — FOTO

400 g Weizenmehl Type 1050,
1 Päckchen Trockenhefe,
1/2 Eßl. Salz, 50 g Butter,
1/4 l Milch, 1 Zwiebel,
1 Eßl. Öl, 2 Bund Petersilie,
2 Zweige Thymian,
Fett für die Form,
2 Eßl. Schlagsahne zum Bestreichen

Mehl, Hefe, Salz, zerlassene Butter und lauwarme Milch mit den Knethaken des Handrührgerätes zehn Minuten durchrühren. Zugedeckt bei Zimmertemperatur ruhenlassen, bis sich das Teigvolumen verdoppelt hat. Gehackte Zwiebel im Öl glasig braten. Mit gehackter Petersilie und Thymianblättchen unter den Teig kneten. In eine gefettete Kastenform von 30 Zentimeter Länge geben. Form in den kalten Backofen (untere Schiene) stellen. Ofen auf 200 Grad (Umluft 180 Grad, Gas Stufe 3) schalten. Brot 30 Minuten backen. Mit Sahne bestreichen und weitere 15 Minuten backen. Pro Stück 3 g Eiweiß, 8 g Fett, 15 g Kohlenhydrate, 1 g Ballaststoffe, 112 Kalorien

Käsestangen

FÜR 40 STÜCK

1 Paket Tiefkühl-Blätterteig
mit Vollkornmehl (300 g),
Mehl zum Ausrollen,
150 g frisch geriebener Käse,
50 g gemahlene Nußkerne,
2 Eßl. Schlagsahne,
1 Eigelb zum Bestreichen

Aufgetaute Teigplatten aufeinanderlegen und auf Mehl dünn ausrollen. Käse, Nüsse und Sahne mischen und daraufstreichen. Platte zusammenklappen, ausrollen und in Streifen schneiden. Zu Spiralen drehen, auf ein kalt abgepültes Backblech legen und mit Eigelb bestreichen. In den kalten Backofen (mittlere Schiene) schieben. Ofen auf 220 Grad (Umluft 200 Grad, Gas Stufe 4) schalten. Käsestangen etwa 40 Minuten backen. Pro Stück 2 g Eiweiß, 5 g Fett, 4 g Kohlenhydrate, 1 g Ballaststoffe, 61 Kalorien

Brigitte-Themen als Brigitte-Bücher

Naturheilweisen
vorbeugen – helfen – heilen
Von Renate Scholz und Margaret Minker

Schönheitsoperationen
Entscheidungshilfen – Operationsmethoden – Alternativen
Von Margaret Minker und Renate Scholz

Körperkorrekturen
Ein Ratgeber für Erwachsene und Kinder
Von Renate Scholz

Fit & Schön
Bewegung, Entspannung, Ernährung, Gesundheit
Von Karin Felix

Schön sein
Von Ingeborg Wittman

Brigitte Diät
Von Helga Köster

Brigitte Diät/2
Von Helga Köster

Brigitte-Vollwert-Diät
Von Barbara Rias-Bucher

Vollwert. Jeden Tag!
Von Barbara Rias-Bucher

Vollwert-Menüs
Von Barbara Rias-Bucher

Fleischlos glücklich Neue Rezepte
Von Barbara Rias-Bucher

Kochen für die Klicke

Mikrowelle
Von Inge Schiermann

Backen
Die 150 besten Rezepte mit Backschule für 10 Teige
Von Burgunde Uhlig und Christa Lösch

Brigitte-Rezepte
Die 300 beliebtesten Sammelrezepte aus Brigitte

Das mache ich selbst
Reparaturen zu Hause – leichtgemacht
Von Walter Diem

Puppenmode
Von J. Barthel und G. Heine

Kinderfeste
Von Gisela Könemund

Kinder basteln
Von Gisela Könemund

Starke Mädchen
Geschichten für Kinder
Von Anne Steinwart

Neues Nähen
Von Käthe Fischer und Antje v. d. Heyde

Heiraten
Das genaue Drehbuch für das schönste Fest Ihres Lebens
Von Hannelore Krollpfeiffer

wer hat schon flügel
Gedichte von Anne Steinwart

Nicht aufzuhalten
Neue Gedichte von Anne Steinwart

Den Arm voller Blumen für euch
Gedichte

Weil es nichts Schöneres gibt
Liebesgedichte

Tränen ersatzlos gestrichen
Gedichte von Frauen

Nähe ganz nahe Nähe
Gedichte vom Leben zu zweit

Woher kommt die Hoffnung
Gedichte

Wir treffen uns morgen
Die schönsten Erzählungen aus Brigitte

Empfängnisverhütung
Von Angelika Blume

Wechseljahre – Aktualisierte Ausgabe
Von Sylvia Schneider

Männerleben
Sexualität, Beziehungen, Gesundheit
Von Sylvia Schneider

Männer über Frauen
20 ganz persönliche Betrachtungen prominenter Zeitgenossen

Als Kind mißbraucht
Von Angelika Gardiner-Sirtl

Frauen machen sich selbständig – Aktualisierte Ausgabe
Von Erika Markmann

Frauenberufe mit Zukunft
44 Berufsporträts mit Planungshilfen und Checklisten
Von Eva Dörpinghaus

Wenn Sie mich so fragen
Rosemarie von Zitzewitz gibt Antworten auf Benimmfragen

Das zweite Glück
Erfahrungen mit der zweiten Partnerschaft
Von Andrea Kunsemüller

Eine Familie bleiben
Das gemeinsame Sorgerecht – ein neuer Weg bei Ehescheidungen
Von Barbara Wilde

Mit eigenen Augen sehen
Selbstliebe lernen
Körpergefühl verbessern
Ein Handbuch für Frauen
Von Margaret Minker

Selbstsicher reden
Ein Leitfaden für Frauen
Von Christiane Tillner und Norbert Franck